浙商发展蓝皮书：
浙江创业观察
2018

陈寿灿 项国鹏 等 著

Bluebook of
Development of Zheshang
Report on Zhejiang Entrepreneurship Monitor

浙江工商大学出版社 ZHEJIANG GONGSHANG UNIVERSITY PRESS | 杭州

图书在版编目(CIP)数据

浙商发展蓝皮书:浙江创业观察 2018 / 陈寿灿等著.
—杭州:浙江工商大学出版社,2019.6
ISBN 978-7-5178-3088-7

Ⅰ.①浙… Ⅱ.①陈… ②项… Ⅲ.①创业—研究报
告—浙江—2018 Ⅳ.①F279.275.5

中国版本图书馆 CIP 数据核字(2018)第 278393 号

浙商发展蓝皮书:浙江创业观察 2018

ZHESHANG FAZHAN LANPISHU:ZHEJIANG CHUANGYE GUANCHA 2018

陈寿灿　项国鹏 等 著

责任编辑	谭娟娟
封面设计	林朦朦
责任印制	包建辉
出版发行	浙江工商大学出版社
	(杭州市教工路 198 号　邮政编码 310012)
	(E-mail:zjgsupress@163.com)
	(网址:http://www.zjgsupress.com)
	电话:0571 - 88904980,88831806(传真)
排　　版	杭州朝曦图文设计有限公司
印　　刷	杭州宏雅印刷有限公司
开　　本	710mm×1000mm　1/16
印　　张	12
字　　数	161 千
版 印 次	2019 年 6 月第 1 版　2019 年 6 月第 1 次印刷
书　　号	ISBN 978-7-5178-3088-7
定　　价	42.00 元

浙江工商大学出版社营销部邮购电话　0571 - 88804227

目　录

第1章 绪 论

"浙江创业观察"项目是浙江省新型重点专业智库——浙江工商大学浙商研究院持续开展的创业调查活动,该调查活动对接全球创业观察分析体系,旨在全面客观地反映浙江创业者的特征。2018年的浙江创业观察是对2016年度项目的继承和发展,期望通过连续性的调查来产生新知。

1.1 浙江创业理论研究

浙商是浙江创业的重要主体。 浙商是当代中国人数最多、分布最广、实力最强的一个投资者与经营者群体,是推动浙江经济发展和创造"浙江现象"的主力军(张仁寿等,2006)。 随着中国经济进入新时代,供给侧结构性改革和新经济培育成为经济发展主题,浙商也相应地需要承担起新的使命和责任。 在此背景下,近年来学者对浙商理论的研究主要集中在下文阐述的四个方面,从中折射出的浙商研究的三个问题值得实践界和学界给予更多关注。一是浙商精神如何与时俱进。 随着浙商群体从一代向二代、三代群体演进,以往"发现机会"式的创业越来越多地转向"创造机会"式创业,这对企业家精神的要求与之前完全不同。 因此,浙商群体、社会和政府都应赋予浙商精神新的内涵。 二是浙商企业如何与时俱进。 随着云计算、大数据,特别是人工智能技术的发展,企业面临的外部环境越来越动荡,在此背景下,跨界、融合等成为产业发展主题，大量集中于实体产业的浙商该如何应对这一转型？ 三是浙商的社会责任如何与时俱进。 进入新时代，在实现中国梦的征程上，浙商作为当下中国最大商帮，理应承担起更大的社会责任。 同时社会责任的内涵也在转变，时代更需要的是基于商业逻辑解决重大社会问题的社会创新创业。

1.1.1 新时代浙商精神与文化研究

浙商是特别能吃苦、特别能创业、特别能创新的群体，浙商精神及其文化传统具有世界意义（陈寿灿，2018）。 管理学家彼得·德鲁克将创新和企业家精神视为企业成长的核心基因，浙江民营企业发展依靠的也正是浙商的企业家精神。 长期以来，"四千精神""三板精神"深深地融入了浙商群体的血液，它体现了老一代浙商敢闯敢试、敢想敢做、敢冒风险、敢于吃苦、敢于拼搏和敢于作为的魄力和勇气。 "四千精神"的具体内容也随着时代的发展而不断丰富完善（王永昌，2018），因此，进入新时代后，浙商精神需在"四千精神"的基础上进一步概化和升华。 2017 年 11 月 10 日，在浙江省委、省政府召开的民营企业家座谈会上，省委书记、省人大常委会主任车俊提出了新时代浙商精神，并将其概括为六个维度：坚忍不拔的创业精神，敢为人先的创新精神，兴业报国的担当精神，开放大气的合作精神，诚信守法的法治精神和追求卓越的奋斗精神。 范柏乃等（2018）认为，浙商精神是浙江企业家群体在长期生产经营和创业创新过程中积累沉淀的知识、经验、能力、意志、道德和情操等的有效集成，新时代也赋予了浙商精神新的内涵，其主要体现为诚信精神、坚韧精神、冒险精神、创新精神和担当精神等五种精神。 新时代的浙商精神继承了过去的"四千精神"，体现了新时代对浙商创新创业的新要求。

在理论层面，学者对新时代的浙商精神及文化进行了研究。 他们认为，要想实现精神与文化的协同，就需要提升浙商群体的整体受教育水平。 然而，浙商群体的受教育水平不高，与浙江经济的活力实力形成鲜明反差。 据调查，浙商群体的受教育水平落后于全国私营企业主的平均水平，各项指标均排在前十名以外。 因此，要从文化层面提高浙商群体的竞争水平，实现企业家精神的演进及与文化的协同，就需要在学习机制、知识结构、决策模式等方面进行有机更新（杨轶清，2015）。 提升浙商群体受教育水平是一项长期工程，在此过程中需重视创业教育对创业者实践的重要影响，着力打造创业教育生态系统，强化"三创合一"的系统创业教育新模式，打造优势学科与创业教育相结合的特色创业教育等，以对当前的创业教育进行改进（郑刚等，2017）。 可以肯定的是，浙商的企业家精神演进需要与浙江文化相协同，需要与时俱进地秉持浙商精神（陈立旭，2017）。

此外，在浙商精神及文化品牌的构建过程中，新媒体起了非常重要的作用。 居然（2017）着眼于组织传播在我国的发展，以浙商企业及浙江企业文化为数据收集基础，采用了定性定量研究相结合的方法，立足于组织对内传播和对外传播两个不同方向展开一系列的学术讨论，总结出新媒体对我国组织传播学发展所起到的影响。 李文冰（2018）通过对浙商报道议程设置、框架建构及话语策略进行深入的探讨与分析，得出结论：改革开放以来，浙商通过艰苦创业、自强不息，不断获得意识形态的合法性，逐步走向中国经济社会舞台的中心。 浙商媒介形象是多元力量共同建构和叠加呈现的结果，其标示出当代中国民营企业家媒介形象呈现的社会语境。 总体而言，进入新时代，浙商区域品牌的内涵和品牌构建能力都需要再提升（池仁勇等，2017）。

1.1.2 浙商战略转型与路径选择研究

进入新时代，浙商企业的发展面临新兴技术不断涌现、国际经济环境复杂多变等多方面的严峻挑战，战略转型迫在眉睫。 然而，浙商企业在制造业领域仍主要以模仿创新为主，转型困难。基于此现实问题，浙商创业创新的战略路径与选择问题就成为学者们研究的重点。浙商创业创新的战略路径选择集中在制度创业、平台创业、商业模式创新等方面，以构建与优化适合浙商战略转型的开放环境为重点（黄先海等，2015）。具体而言，在浙商创业创新生态系统建设中，制度变革是支撑，这不仅需要来自政府的顶层设计所推动的"自上而下"式的制度变革，同时也需要浙商开展"自下而上"式的制度变革；平台创业是抓手，这需要有效沟通双边或多边市场，通过网络效应逐步推进平台的有效打造；基于满足客户需求的商业模式创新是核心逻辑，因为只有实现多方共赢，创造价值，才能够真正实现生态系统的可持续发展（项国鹏等，2015）。

"互联网＋"背景下的企业创业大量发生在政策管制强的传统行业，企业需要依靠自身的战略行动突破已有制度的约束。企业家通过开创一种从无到有的制度而形成的制度创业即被认为是开拓型制度创业，以阿里巴巴电商模式为典型代表的开拓型制度创业实践对于开拓型制度创业机制研究具有重要意义。项国鹏等（2017）运用扎根理论方法，提炼出阿里巴巴制度创业面临来自利益相关者的制度创业约束、所使用的制度创业策略及所获取的制度创业合法化等结论，并构建出阿里巴巴制度创业机制模型，为浙商创业实践提供了理论指导和理论支撑。蔡宁等（2017）提出，制度压力下的企业创业存在"嵌入"与"能动"两种不同的战略选择，并以"滴滴出行"在城市交通行业的创业为例，在区分企业层（业务选择）和业务层（业务发展）面对的不同制度压力的基础上，阐述如何进行战略路径选择。

目前，如众创空间、特色小镇等创业平台有效地辅助了创业实践。王节祥等（2016）通过梳理孵化器和平台研究的文献，阐释了众创空间的本质内涵，并以阿里百川为例明晰了众创空间双边创新型平台的定位，揭示了众创空间发展策略的"基础架构—网络效应—生态系统"三个阶段的演进逻辑及各阶段的关键行动选择，为众创空间实践提供了一个可参考的行动框架，最后从政策层面指出了开展众创空间评价所应遵循的要义。 陈夙等（2015）认为，众创空间作为促进大众创业、万众创新的新兴载体，具有无边界、自组织与客户化等创业生态系统特征。 他以杭州梦想小镇众创空间为例，阐释众创空间创业生态系统的概念、特征与功能，将众创空间创业生态系统结构化为众创精神、创客生态圈、资源生态圈及基础平台与创业政策等四个维度，并分析了众创空间创业生态系统的生态系统代谢、多层次创业网络嵌套、异构创业资源整合、创业能力建构及用户价值创造等五个核心机制。 从更大的宏观层面看，在浙江兴起的特色小镇也是一种平台型产业组织，浙商企业战略转型时应对其予以重视（盛世豪等，2016），因为这一产业组织或将成为中国协同解决经济发展和社会问题的有效模式。

商业模式创新是浙商战略转型的有效方式。 徐蕾（2015）从"设计驱动型创新"范畴提出了一个特殊的研究视角，并在这个视角下分析商业模式演化的动力、路径和相应的障碍及策略设计等重要问题。 项国鹏等（2015）动态考察了商业模式演化机制。 其基于价值创造视角，选取浙商龙头企业浙江物产进行纵向案例研究，分析了浙江物产在不同发展阶段的商业模式要素变化及商业模式演进情况。 此外，他们还指出，时代的发展要求浙商超越本企业的视角，通过异地投资、异地创业等商业模式创新"走出去"。 潘文安（2015）以 238 家总部设在浙江赴异地投资的中小企业为实证对象，探讨进入模式、区域产业环境及经营特性对浙商在国内异地市场经营绩效的影响。 他的研究结果表明：中小企业进入异地市场时，在综合绩效上以多数股权的表现最好；区域产业环境和企业经营特性对异地经营绩效存在显著性影响；中小企业进行异地投资更应选择具有供应链优势、成本优势或营销密集度优势的产业环境，同时提升自身的控制能力和营销能力，从而获得更佳的绩效表现。 李文博（2017）紧紧围绕浙商对非洲的创业行为，深入解答了浙商对非洲创业行为的影响因素、行为的模式类属及怎样促进浙商对非洲创业行为的持续进行。 上述成果提出了浙商创业战略转型的方式方法，丰富了浙商商业模式创新的研究，并为企业管理和政策制定者提供了理论指导。

1.1.3　浙商政治行为与公共政策研究

在营商环境进一步完善的新时代，浙商的政治参与将在企业发展中起着越来越重要的作用。 魏江等（2017）通过对万向集团的分析指出，企业战略的内在逻辑本源是对合法性的考察，战略行为与政治行为间存在着某种关联。 目前，学界对于浙商政治行为的研究主要集中在浙商政治心理对政治行为的影响、政治参与动机及影响因素、政治行为的主要特征等方面。 关于浙商的政治心理与政治行为的关系的实证检验得出：浙商的政治心理主流是积极健康向上的，政治参与行为较多，但政治参与意识不强；浙商的政治功效感较强，但政治理解能力与政治认知能力不强。 政治满意度和政治信任感及政治情感对浙商的政治行为有显著影响。 政治态度、政治满意度、政治认知、政治信任感、政治情感和背景因素对政治参与行为和功效感的影响程度依次变强（姚丽霞，2013）。浙商政治参与动机现阶段以壮大企业为主，但政治性目的日益显著，公益性和社会责任感日趋增强；而影响浙商政治参与动机的外部激励因素首先是制度激励，其次是社会激励和利益激励。 因此，为了有效地引导浙商的政治参与，一方面，应该引导浙商正确对待利益获得对其参政行为和企业运营的影响；另一方面，应该完善浙商政治参与机制，畅通参与渠道，提供政治参与的制度保障（姚丽霞，2015）。

此外，王春福（2018）对以浙商企业为代表的民营企业的政治行为进行了较为系统的研究，主要涉及浙商政治行为的主要特征、内在影响因素、战略设计、策略选择、企业价值、社会效应、有效性分析及公共政策，重点对浙商政治行为同公共政策合理性的关系进行了较为深入的研究，提出为提升浙商政治行为的规范性和公共政策的合理性，需要构建一个政府、企业和社会"三赢"的治理机制。 这一研究无论对浙商自身的发展，还是对有效地发挥公共政策的作用都具有重要意义。 2017 年初以来，浙江以最大的决心，全面推进"最多跑一次"改革。 在浙江省委、省政府的领导下，各地、各部门都把"互联网＋"技术作为"最多跑一次"改革的必备要素，通过推进政务标准化，促进不同部门、不同层级和不同区域政府的数据共享，形成了整体性政府的改革模式，在提高行政效率、克服审批制度改革怪圈方面取得了显著的成效，为新时代深化行政体制改革、推进政府治理现代化提供了有益的启示与借鉴（郁建兴等，2018）。 此时，浙商企业的行为应与最新的政府改革举措相联结，把握政府"最多跑一次"改革（何显明等，2018）和改善营商环境的契机，进一步扩大自身发展空间。

1.1.4　浙商传承及企业社会责任研究

学界的相关研究指出，浙商企业的发展面临着自身传承与社会责任趋重的两难困境。 基于此，一方面，实现（浙江）家族企业传承与代际创业的有效路径是新时代浙商研究的重要主题（陈凌等，2017）；另一方面，第二代浙商的价值观与企业社会责任也一直是学界研究的热点。

近几年学界才开始将创业引入家族企业的研究范畴，因此对于浙商传承与代际创业的研究十分有限，相关的概念界定和理论框架尚待持续完善。 "代际创业"是指家族企业的继承者不甘于被动地接受传承人的安排，而根据个人能力和市场变化进行创业活动，通过创立新企业等方式追求代际财富积累的一种创新活动。 从某种意义上说，家族企业是一种特殊的创业组织。 家族后代企业家并不是仅仅依赖家族现有资源进行创业成长的个体，在他们的创业学习路径中，"家族主义"的色彩正在逐渐被淡化，家族以外的"专业主义"的要求正在不断地加强。为解决家族传承困境，一方面，从家族自身角度看，在跨代际发展的家族和企业中，家族后代需要在不同的阶段选择不同的学习方式，这既能帮助家族企业获得响应市场的能力，也是其适应制度变化的重要手段（陈文婷，2013）。另一方面，从外部制度来看，为促进家族企业成功传承和持续成长，我国相关部门应该健全相关法律法规和社会信用制度，引导家族企业内部管理团队的构建，保障家族企业财产的整体性继承并尽早制订家族企业继任计划等（余向前，2010）。

社会责任的履行可以提升企业绩效，即在企业内部，发挥组织学习的内驱作用，可促使员工认同企业价值观，认同企业对社会责任的履行，自觉提供更好的产品和服务，从而促进企业绩效的提升（施放等，2015）。目前，浙江民营企业对社会责任的重视程度在逐渐提高，整体上第二代浙商对企业履行社会责任的必要性有较高的认知。比较而言，浙商对法律责任的认知最高，对慈善责任的认知较低。持有正义感、关心弱势群体、爱好世界和平、重视环境保护和追求影响力的第二代浙商较认可企业获利和承担社会责任可以两者兼有的观点；对权威较看重的第二代浙商对追求企业利润比较重视，但对企业承担社会责任并未有显著偏好；第二代浙商对财富的看重尽管可促进其对企业利润的追求，但也易导致其忽视社会责任的履行（杨卫忠等，2017）。

1.2 浙商创业的定量与定性分析

1.2.1 定量分析

浙商已经历经 30 多年的创业实践，因而其规模、体系和环境已经得到了不断的提升和优化，浙江在全国范围内属于创业活跃省份。"十二五"以来，以创业带动就业成为浙江全省经济和就业新的增长点（童素娟，2015）。浙江的个体工商户总数、私营企业总数及每万人市场主体拥有量均居全国前列。潘家栋等（2017）提出，民营经济是浙江经济的最大特色和优势，也是浙江的金字招牌。

（1）浙江创业水平情况

为了更好地评价浙江创业的情况，主要通过个体和组织 2 个维度建立区域创业水平评价指标体系，比较各地区的创业数量和质量（张钢等，2009；齐玮娜，2005）。这里借鉴区域创业水平的相关研究，形成浙江创业水平的三级评价指标体系，具体如表 1-1 所示。

表 1-1 2015—2016 年浙江创业水平的评价指标体系

指标性质	一级指标	二级指标	三级指标	2015 年	2016 年
创业数量水平	个体	数量	个体就业人数（万人）	466.6	519.6
		频率	个体就业人数占劳动人口比例（%）	11.2	12.4
		活力	个体就业人数增长率（%）	—	11.4
	组织	数量	私营企业数量（万家）	104.7	119.5
			私营企业就业人数（万人）	1692.8	1765.4
		频率	私营企业数量占企业数量比例（%）	88.0	91.4
			私营企业就业人数占就业人口比例（%）	45.3	47.0
		活力	私营企业数量增长率（%）	—	14.2
			私营企业就业人数增长率（%）	—	4.3

指标性质	一级指标	二级指标	三级指标	2015 年	2016 年
创业质量水平	创新性绩效	区域知识创造水平	每万名就业人员研发人力投入（人）	98.3	100.3
			研发经费投入（亿元）	1011.2	1130.6
			每万人专利拥有量（项）	42.4	39.6
		区域知识流动水平	技术交易额（亿元）	98.1	198.4
		企业创新水平	规模以上私营工业企业新产品产值率（%）	30.6	32.1
	规模性绩效	企业投资绩效	私营个体经济人均固定资产投资额（万元）	3.5	3.8
		企业生产绩效	私营工业企业人均销售收入（万元）	72.5	76.0
			私营工业企业总产值占 GDP 比重（%）	64.8	60.1
			计算机及信息产业总产值占 GDP 比重（%）	3.9	4.7
	创业人力资本	人力资本	每万人中大学生在校人数（人）	190.4	190.2

资料来源：《中国统计年鉴》（2015—2016）、《浙江省统计年鉴》（2015—2016）。

（2）创业质量

从表 1-1 可知，2015—2016 年浙江省整体创业活动呈现稳定发展的态势。 从创业数量角度看，2015—2016 年个体和组织层面的数量、频率和活力都稳步上升。 从个体层面来看，2015—2016 年，个体就业人数增加了 53 万人，增长率为 11.4%。 从组织层面来看，2016 年新增私营企业 14.8 万家，增长率达到 14.1%；私营企业就业人数新增 72.6 万人，增长率达到 4.3%，私营企业数量占企业数量比例达到了 91.4%，私营企业就业人数占就业人口比例也在逐年增加。 整体来看，浙江创业活动仍保持着良好的活力和发展态势。

从创业质量角度看，每万名就业人员研发人力投入和研发经费投入逐年上升，但每万人专利拥有量略有下降，可见，区域知识创造水平在不断提高。 在区域知识流动水平上，2016 年的技术交易额相较 2015 年有了大幅提升，这说明技术这种特殊的商品，在市场上得到了更高效的配置。 2016 年规模以上私营工业企业新产品产值率提高了 1.5%，这说明企业创新水平正逐年上升，但是横向比较来看，浙江省的研发投入力度和创新力度还需要加强。

从表 1-2 可知，浙江省在研发经费投入上与江苏省和广东省有较大差距，浙江省的研发经费支出为 1130.6 亿元，而江苏和广东都超过 2000 亿元。 在长三角及珠三角经济区域中，浙江省的研发经费投入强度排名靠后，上海达到 3.8%，江苏为 2.7%，广东为 2.6%，浙江仅为 2.4%。 因此，作为引领中国发展的商帮——浙商，如何把科技创新和真正的技术投入化为面向明天的创新力量，是当下最需要考虑的事（魏江，2018）。

表 1-2　2016 年各省市研发经费及强度对比

指标	地区	浙江	江苏	上海	广东	全国
研发经费支出（亿元）		1130.6	2026.9	1049.3	2035.1	15676.7
研发经费投入强度（%）		2.4	2.7	3.8	2.6	2.1

资料来源：《中国科技统计年鉴》(2016)。

从规模性绩效角度看，私营个体经济人均固定资产投资额、私营工业企业人均销售收入都在逐年上升，但私营工业企业总产值占 GDP 比重有所下降。 综上可以看出，浙江私营企业的发展态势较为稳定，且结构在不断优化。

（3）影响创业水平的因素

创业活动是一个基于微观决策并嵌入区域环境的动态过程，会受到很多方面因素的影响。 如果区域内缺乏一个好的有利于创业的环境，即使区域内存在一个良好的创业机会，也不利于新企业的建立和成长（Audretsch et al.，2008）。 综上可以看出，环境因素对于区域创业水平有着重要影响。 《全球创业观察[①] 2017/2018

---

① 全球创业观察，Global Entrepreneurship Monitor，GEM。

中国报告》提出，从金融支持、研发开发转移、商业和专业基础设施等 9 个方面来评价创业环境。 我国学者夏维力等（2017）梳理了影响创业环境的六类主要因素，包括经济基础、基础设施、市场环境、人文环境、创业水平和创新链接。

由于我国区域创业水平参差不齐，根据以上研究，本书将通过经济水平、研发活动和金融市场这三个方面来简要分析浙江创业水平。

第一，经济水平。

研究发现，人均 GDP 收入水平与总体创业质量、创新性质量和规模性质量均为显著正相关关系（齐玮娜等，2015）。 浙江省 2015 年人均 GDP 为 77 644 元，2016 年人均 GDP 为 84 916 元，全国 2016 年人均 GDP 为 53 980 元。 可见，浙江省经济发展水平位于全国前列，有着非常优良的环境孕育创业机会；同时，较高的经济产出和增速，意味着市场规模和潜力的扩大，区域间经济交流密度的提高，这将会带来更多的创业机会（Gries et al.，2009）。

第二，研发活动。

研发的投入和产出代表了区域创造新知识的潜力和能力（Audretsch et al.，2008）。 根据知识溢出创业理论，研发活动不仅可通过知识溢出内生高质量的创业机会，还是提高企业吸收新知识能力的必要保证（Block et al.，2013）。 浙江省虽然是民营经济大省，但大部分中小民营企业没有进行新产品开发，还不能适应经济发展的要求，主要产业的共性技术和关键技术的开发和应用水平较低，且缺少核心技术和重要专利（章铁勇等，2017）。 在面对如今社会转型的重要时期，浙江民营企业应该思考如何提高自身的创新能力，寻求高质量发展与保持浙江特色之间的平衡。

第三，金融市场。

金融市场作为创业活动的基础，会对创业融资和创业规模产生较大影响。 2015 年以来，我国的宏观经济形势变得比较严峻和复杂，金融风险增加导致融资难度提高，这对于浙江民营企业来说是一个挑战。 从上述创业水平情况中可以看到，浙江 2016 年的私营工业企业总产值占 GDP 比重相比 2015 年下降了 4.7%，这说明私营工业企业对于金融市场变化的敏感度较高，承受风险能力较弱。所以，民营企业需要丰富融资渠道，增强对环境的适应能力。

综上可以看出，区域的高创业质量依赖于区域内丰富的知识创新活动和高能力创业者对创业机会的识别和开发。 而区域内良好的经济环境、完善的金融市场将有利于高质量创业活动的开展（齐玮娜等，2015）。 同样地，高质量的创业活动也会推动区域环境的优良发展，两者相辅相成，形成良性循环。

1.2.2　定性分析

（1）浙商创业大事件概述

根据浙江经视、浙商总会及市场导报的数据，我们可以看到在 2016 年发生了很多浙商大事件，先是浙商集体发声定下"四不"商规，随后浙商总会设立澳门浙商联合会，后又在北京召开浙商回归专题活动，之后老一代浙商企业家万事利集团创始人沈爱琴去世，中国民企 500 强榜单发布（浙江有 134 家企业上榜），G20 杭州峰会召开，马云提出的 eWTP 被写入《二十国集团领导人杭州峰会公报》，圆通和中通登陆资本市场，浙江快递公司迎来上市热潮，"浙商军团"闪耀第三届世界互联网大会，世界浙商上海论坛召开，浙商相继发声谈新精神。 老一代企业家美特斯·邦威的董事长周成建"交棒"，正式退出商业舞台。 相隔不久，浙江省服务小微成长暨民企"双对接"活动周正式举办，银亿集团的哈尔斯上演"蛇吞象"，成功吞并了瑞士的百年老品牌——希格。 在 2016年一整年的时间里，浙江的上市公司共发起了近 300 起并购项目，并购重组成了浙江公司做大做强的重要手段。 与此同时，一批批特色小镇在浙江省各地陆续开园，湖州市吴兴区的美妆小镇、富阳胥口镇的富春"药谷小镇"等，正成为浙商转型升级、勇立潮头的一个个大平台。

　　而根据浙商博物馆、浙江在线、浙江新闻客户端、浙江省新型高校智库——浙江工商大学浙商研究院联合公布的数据来看，2017 年里同样发生了不少事情。首先就是浙江新时代精神的"出炉"；其次就是"凤凰行动"计划的开展，浙商在资本市场上再进一步；然后就是"义新欧"班列往返运行 168 列，浙商加快布局"一带一路"产业线；最后就是浙商前辈冯根生、鲁冠球等相继离世。

　　（2）事件总结归纳

　　通过上面的资料，我们可以看出，这些事件涉及商业文化、资本、国际市场、企业发展、浙商新旧交替等各个方面，并展现出不同的特点，反映了不同的问题。下文将主要从精神引领、经济转型、中国民企 500 强、浙商新老交替等四个方面进行归纳总结。

　　第一，精神引领。

　　以浙商精神为内核的浙商文化，根植于浙江深厚的文化底蕴，形成于广大浙商的创造性实践，是浙商开拓进取的精神动力，也是浙江文化强省建设的现实基础和重要支撑（徐俏俏，2017）。改革开放以来，浙商创造了一个个商业传奇，在这辉煌的商业历史背后，都以浙商所具备的独特精神作为引领和支撑。但在不同的历史发展阶段，浙商的精神不是一成不变的，而是始终在传承中创新，在审时度势中与时俱进（陈国权等，2018）。

　　从 2016 年"四不"商规的确定到在世界浙商上海论坛上浙商谈新精神，再到时任浙江省委副书记的车俊提出在经济新常态下，要树立新的全局观、资源观和生态观，再到 2017 年 11 月，浙江新时代精神的"出炉"，在这一系列过程中，我们始终能看到浙商精神在追随着时代潮流，不断地进步、发展、变化，最终升华了老一代浙商的"四千精神"，形成指引新时代浙商不断前进的新时代浙商精神。

　　第二，经济转型。

　　浙商的经济发展主要体现在两个方面：一是多层次资本市场的建设；二是浙商的国际化战略。

浙江在资本市场上的建设分为三个层次。

第一是大企业。2016 年 7 月的浙商回归专题活动上，各大企业现场签订了 30 个浙商回归重大项目，以"七大万亿产业"项目、特色小镇项目和总部、资本回归项目为主；圆通、中通登陆资本市场，引发了浙江快递公司的上市热潮；银亿集团哈尔斯上演"蛇吞象"，成功吞并瑞士的百年老品牌——希格。从上述可以看出浙江大企业进军资本市场的方法多为上市、联合及吞并等，并且在 2016 年一整年的时间里，浙江的上市公司一共发起了近 300 起并购案。

第二是中小微企业。为了促进小微企业的发展，2016 年浙江设立了服务小微成长暨民企"双对接"活动周，帮助小微企业增强创新能力和发展动力。并且在 2016 年一整年的时间里，浙江开辟了一大批特色小镇，为中小微企业的抱团发展提供了大平台。这是一种新型的发展模式，同时也是浙江经济转型的内在需要，是从投资驱动型经济形态向创新驱动型经济形态转变的重要举措（韩金起，2016）。

第三为了加快产业转型升级，同时也是为了对接大企业与小企业的发展，积极发挥上市公司的产业引领作用，浙江力推"凤凰行动"，促使浙商在资本快车道上再进一步。浙江省委副书记、省长袁家军强调，要深刻认识到"上市是企业最好的转型升级，并购重组是企业最快的转型升级"（范柏乃，2018）。"凤凰行动"计划以上市公司为平台，以并购重组为手段，带动和做强产业链，做深价值链，以提高产业集中度和核心竞争力，最终于 2020 年实现数量和质量显著提升、区域行业布局优化、并购重组深入实施、产业提升带动明显的目标。"凤凰行动"计划的实施，能够推动浙江省产业供给侧结构性改革，同时加速实现浙江省产业的"腾笼换鸟""凤凰涅槃"，使得金融服务能够更好地服务于传统实体经济（关轶偲等，2018）。

浙江的国际化战略则要从以下这几个事件反映出来。

其一是浙商总会设立澳门浙商联合会，双方达成协议将在推进领地经济合作发展、海洋经济、金融、资本市场、文化产业等方面寻求合作，并建立长期有效的沟通交流机制。当前，澳门正处在产业重组、发展多元化的关键时期，浙江也处在经济转型的特殊时期，在以拉动消费为特征的新型服务业方面，两地的联合趋势越来越明显。双方表示，将以澳门浙商联合会的设立为契机，深化浙澳两地合作，共同探索如何在澳门建立葡语系国家互联网交易的综合性平台（胡丰盛，2016）。

其二则是 G20 杭州峰会召开，马云提出的 eWTP 被写入杭州峰会公报。它意味着浙商提出的全球治理方案首次被纳入国际舞台，成为全球性的发展路线共识（徐乐静，2017）。eWTP 旨在促进跨境电商领域公私对话，帮助中小企业乃至个人利用互联网参与全球经济（陈晓等，2016）。eWTP 不仅是浙商国际化的重要一步，而且是全国乃至全世界中小企业国际化的至关重要的一步，它为全球各国的中小企业乃至个人提供一个直接交易的平台，只要愿意遵守其中的规则，便可以加入这个平台。

其三是第三届世界互联网大会的召开，以阿里巴巴、海康威视为代表的浙企在大会期间发布的新科技产品，以及人工智能、生物识别、大数据等都成为此次大会的焦点（夏燕，2017）。这是继 G20 杭州峰会之后，世界的目光再一次聚焦浙江。近年来，浙江把以"互联网＋"为核心的信息经济列为七大支撑未来发展的万亿级产业之首，可以说互联网成就了浙江经济的转型之路。同时，互联网也为浙江接轨国际提供了新的机遇，为浙江经济插上了腾飞的翅膀。特别是 G20 杭州峰会和第三届世界互联网大会的召开，大大提升了浙江的国际知名度和美誉度，提升了浙江经济的国际化水平，给了浙江全新的发展机遇（张汉东，2016）。

其四就是"义新欧"班列往返运行 168 列，为浙江布局"一带一路"提供了加速度。"一带一路"倡议为浙商提供了广阔的发展空间。依托本身具有的区位优势、港口优势、开放大省优势，以及数百万在"一带一路"沿线发展的浙商的优势（张璐晶，2017），浙江正以"一带一路"统领新一轮对外开放，推动新一轮高水平发展，加快城市国际化、企业国际化、人才国际化进程，不断加强统筹利用国际国内两个市场、两种资源的能力（张璐晶，2017）。

第三，浙商企业上榜中国民企 500 强的数量近 10 年来首次跌破百家。

浙商是当今中国最具活力也是最会赚钱的人群，在这样一个飞速发展的时代，他们一直活跃在世界的舞台前沿，在商业上大放光彩，创造了无数令人瞩目的业绩，其中之一便是在中国民企 500 强（后称"500 强"）上榜的浙江企业数已经连续 20 年位列全国第一（袁华明，2017）。

早年，浙江企业上榜数曾一度超过 200 家，但是近 10 年来，浙商企业在 500 强的名单上占据的名额越来越少，直至 2018 年，首次跌破百家，具体如表 1-3 所示。那么上榜数量的连续降低是否意味着浙江民企的实力在变弱呢？

表 1-3　中国民企 500 强排行榜浙江上榜企业情况

年份	2015	2016	2017	2018
数目（家）	138	134	120	93
总数排名	1	1	1	1
营业收入总额（万亿元）	3.04	3.25	3.37	3.65
平均营业收入（亿元）	220.45	242.54	280.83	392.47

数据来源：2015 中国民企 500 强榜单、2016 中国民企 500 强榜单、2017 中国民企 500 强榜单和 2018 中国民企 500 强榜单。

从表 1-3 中我们可以看出，浙江上榜企业数在不断减少，直至 2018 年首次跌破百家，营业收入优势在不断减弱。在最高峰时期，浙江上榜企业数曾一度达到 203 家，足足超出第二名一倍还要多，而到了 2018 年，浙江仅超出第二名江苏 7 家，而广东紧随其后，山东的上榜企业数也大幅增加。从这可以看到，浙江企业的竞争优势也在不断缩小，浙江遥遥领先的时代已经过去，各个省市你追我赶的态势愈发明显。那么该如何客观看待近年来浙江民企上榜数量逐年降低的趋势呢？

首先，为了适应时代的发展，响应国家供给侧结构性改革的政策号召，近年来浙江产业结构调整力度持续加大，导致那些资源消耗大、附加值低、不符合浙江比较优势的产业的比重逐渐下降（袁华明，2017）。 新旧动能接续转换，对民企来说是一个大考验，部分民企退出榜单都是自身发展动能不足所致。

其次，中国民企500强的入榜参考数据主要是企业上一年的营业收入，但营业收入高并不代表利润收入也高，仅以企业的营业收入作为入榜条件，得出的结论并不全面。 而浙江的数字经济、智能制造等高新技术产业发展较快，仅2018年上半年浙江省数字经济、外贸出口、高科技"独角兽"企业等均处于全国领先地位。但是这些数字经济等新兴产业往往小而美，营业收入规模短期内很难达到120亿元的500强入围门槛，相对于在销售额方面往往有着很大优势的传统制造业企业而言，这些新型企业显然处于劣势，这也是榜单呈现目前情况的重要原因（袁华明，2017）。

不得不提的是，榜单实行的是申报制，如果企业没有主动申报便不会进入榜单，浙江知名企业阿里巴巴、横店集团等都因为没有申报而没有入围，进行混合所有制改革之前的绿城集团也没有申报。 正因为如此，出现在排行榜上的浙江营业收入规模超千亿元的民企只有几家。 而事实上，浙江营业收入规模超千亿元的民企远不止这几家。所以，我们在进行分析的时候还会考虑到这样一个情况。

最后，还要考虑到浙商和浙江民企的内涵并不相同。 因为排行榜以总公司所在地作为省市划分依据，省外的浙商企业就不属于浙江企业。 比如，华为、复星、网易、银泰等都是省外浙商企业，但都不统计在浙江省内。 所以从浙商的角度来看，能够上榜的企业数目显然要多于榜单数目。

第四，浙商的新老交替。

沈爱琴、冯根生、鲁冠球等多位浙商老一代企业家的去世，以及美特斯邦威集团董事长周成建的"交棒"，标志着浙商已经进入新老交替的时期。 其间，必将经历一番波折。 未来五到十年，许多民企，特别是家族企业将迎来新老交替的高峰，一大批新生代企业家已经或者即将走上企业中高层管理岗位。 除了新生代不断地自我提升、老一辈企业家"扶上马，送一程"之外，政府、社会组织与高校等机构同样也在关注着这一群体。 浙江需要结合高校、政府及企业三方的力量，帮助新生代浙商们在传承与发展这条道路上走得更好更远，助力他们成为具有国际视野、创新能力、创业精神及社会责任的新兴中坚力量（陈率等，2014）。

1.3　浙江创业观察项目的组织实施

本项目团队委托上海零点市场调查有限公司进行数据收集及调查工作。 具体是由浙江省高校新型智库——浙江工商大学浙商研究院参照"全球创业观察"的操作方法启动"浙江创业观察（ZEM，Zhejiang Entrepreneurship Monitor）研究项目"。 GEM项目是由美国百森商学院和英国伦敦商学院共同发起的跨国家跨地区的旨在研究全球创业活动态势的研究项目，于1999年正式启动，至今已完成近20年的研究报告。 最新的2016/2017全球创业观察报告是基于65个经济体中完成的成人调查（Adult Population Survey，APS；年龄介于18—64岁）数据和66个经济体中完成的国家专家调查（National Expert Survey，NES）数据而成，涵盖了全球69.2%的人群，代表了全球84.9%的GDP。 GEM项目的调查重点是"创业活动、创业前因和创业环境"，旨在衡量不同国家在创业早期的状况，并探讨影响创业活动活跃程度的驱动因素。

这次进行的ZEM紧跟GEM步伐，调查涉及创业活动的类型，创业者的驱动力、所从事的行业、对机会的感知、对工作的满意度，创业环境等各个方面，反映了在浙江创业环境下浙商创业活动的特点及多样性，报告变量、指标和整体框架体系也在逐年完善。 具体分析内容如下：

创业者的个体特征，主要包括创业者的社会网络、知识、技能、经验、对创业机会的把握、创业社会动机、背景调查、社会资本等方面；创业活动的成人随机调查法结合 TEA 指标进行针对创业活动本身和活跃程度的测量，主要包括对创业的社会价值、创业自我感知、创业活动的阶段/类型、早期创业活动的动机、早期创业活动中的性别和年龄分布、创业行业分布、创业活动的结果及满意度等方面的调查；对创业环境的衡量即确定影响创业的环境要素，创业环境涵盖金融、教育、市场、政府项目等多维度指标，主要包括对创业融资、政府政策、税收和政商关系、政府程序、创业教育和培训、研发转化、法律基础、市场环境、基础设施条件、文化和社会规范等方面的考察。 我们在 2018 年的问卷中新增了政商关系调查，主要调查浙商在经营过程中的哪些环节容易出现不良政商关系，以及其产生的主要原因、表现形式、"亲""清"型政商关系的实现途径等方面。

调查样本情况如下：分城镇样本和农村样本两类。 我们通过居住时间及年龄对样本进行初步筛选，确定在本地城镇/农村的家里每周居住时间超过 4 天及年龄在 18—64 岁的常住成人为调查样本范围。 问卷样本主体分为初生创业者、已有创业者、潜在创业者和中止创业者、非正式投资者等。 城市分布在杭州、宁波、温州、绍兴、湖州、嘉兴、金华、衢州、台州、丽水和舟山 11 个市。

此次调查共得到 1860 份有效样本，具体情况如表 1-4 所示。

表 1-4 样本衡量指标

样本分布	具体指标
年龄分布	18—64 岁
类别分布	城镇、农村（每周居住超过 4 天）
对象分布	初生创业者、已有创业者、潜在创业者、中止创业者和非正式投资者
地区分布	杭州、宁波、温州、绍兴、湖州、嘉兴、金华、衢州、台州、丽水、舟山

上述 1860 份样本的城市主要分布在温州、杭州、台州及宁波，且主要为城镇人口，年龄主要为 25—34 岁（见表 1-5）。

此次问卷调查的主要筛选标准为各区市样本分布按照常住人口数量的比例进行恰当反映。其中：各市样本数量的比例分配依据浙江省统计信息网公布的 2017 年末区域人口统计数据来设定；城镇样本与农村样本的比例分配将参考各地级市的城镇居民与农村居民的户籍人口比例进行设定，以杭州市为例：

杭州市样本数量＝杭州市抽样率×样本总量，

杭州市抽样率＝杭州市常住人口数量/浙江省常住人口数量，

杭州市城镇样本数量＝城镇人口抽样率×杭州市样本数量，

城镇人口抽样率＝城镇人口/杭州市常住人口数量，

杭州市农村样本数量＝杭州市样本数量－杭州市城镇样本数量。

表 1-5　样本分布情况

	杭州	宁波	温州	绍兴	湖州	嘉兴
城市分布	283	215	299	166	103	145
	金华	衢州	台州	丽水	舟山	
	183	100	232	101	33	

	类别	样本数量
样本类别	1.城镇样本	1230
	2.农村样本	630

	年龄段	样本数量
年龄分布	1.18—24 岁	389
	2.25—34 岁	731
	3.35—44 岁	498
	4.45—54 岁	173
	5.55—64 岁	69

资料来源:作者根据上海零点市场调查有限公司的调查数据统计所得。

第 2 章　浙江创业活动的总体状况

自改革开放以来，依靠温州、台州一带，以及杭州、嘉兴、湖州、宁波和绍兴这些地区的个体经济和私营经济的迅猛发展，浙江这个地处中国东南沿海、长江三角洲南翼的城市，经济迅速发展，GDP 总值飞速上升，经济位次不断提高，从改革开放初期的经济小省一跃成为经济大省和强省，而创业活动在推动浙江社会经济发展的过程中发挥着重要的作用，它一方面能够促进经济的增长，另一方面也是创造就业岗位的强大引擎和解决就业问题的有效途径。

借鉴已有对于区域创业总体情况的研究，特别是以 GEM 为代表的创业活跃度的研究成果，本书主要采用创业者比例指标来测度浙江创业总体的发展情况，具体以抽样方法对开展创业的样本占总样本的比例进行测算。

2.1　浙江创业者比例的总体情况

本次调查对象为浙江 11 个市的 18—64 岁的常住居民，包括普通居民，以及对于创业有一定理解及想法的居民，或已经创业或创业失败的成员（具体包括：初生创业者、已有创业者、潜在创业者和创业中止者、非正式投资者四类）。本次抽样采用分层随机抽样法，即根据人口数量、经济发展水平对 11 个市进行分层分类。本章根据成人随机抽样调查所获得的 1860 个有效样本，对浙江创业总体活动情况进行分析。

浙江总体创业者比例是指，样本中的创业者人数与样本总体人数之比，具体数值见图 2-1。

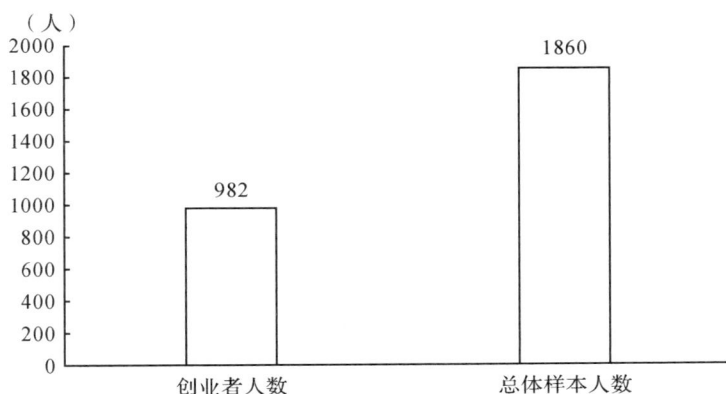

图 2-1 创业者数量与总体样本数量

根据问卷的设计（见表 2-1），将问题"A1""A2""2A"任一回答为"是"的调查对象视为创业者，得到 2018 年浙江参与创业的人数为 982 人，占总体样本人数的 52.80%（见图 2-2），较 2016 年的创业者比例略有增长。

表 2-1 是否为创业者的问卷调查结果

问题	内容
A1	您个人或您与其他人是否正在尝试创办自己的企业/经营自己的生意，包括任何自我雇佣或销售任何产品或服务？
A2	您个人或您与其他人是否正在帮助您的雇主筹备一个企业或一项生意或一个新投资，这也是您日常工作的一部分吗？
2A	您个人或您与其他人是否已经拥有一个企业/一项生意，并且由您负责经营管理，包括自雇或销售任何产品或服务给其他人？

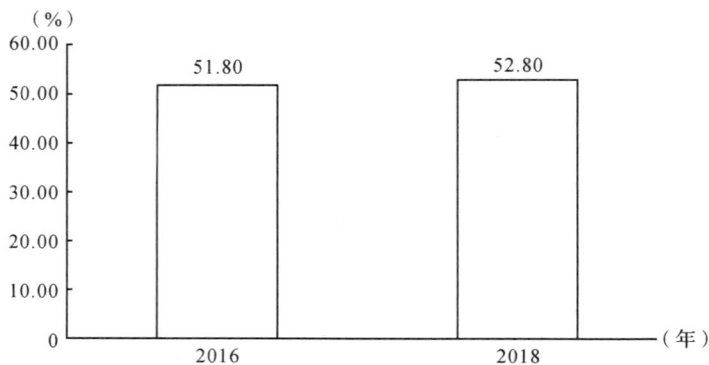

图 2-2　创业者比例纵向比较

2.2　浙江创业者比例的区域分布

通过计算 2018 年浙江 11 个市的创业者比例，得到图 2-3、图 2-4 所示结果。 各市创业者比例的测量方法是该市样本中创业者人数与该市样本总被访人数之比。 从图 2-4 可以看出，浙江 11 个市的创业水平存在较大的差距，其中舟山的创业比例最高（72.73%），与丽水、台州、衢州、宁波位于前列，温州、绍兴、嘉兴的创业水平较低，嘉兴市创业者比例最低（44.14%）。

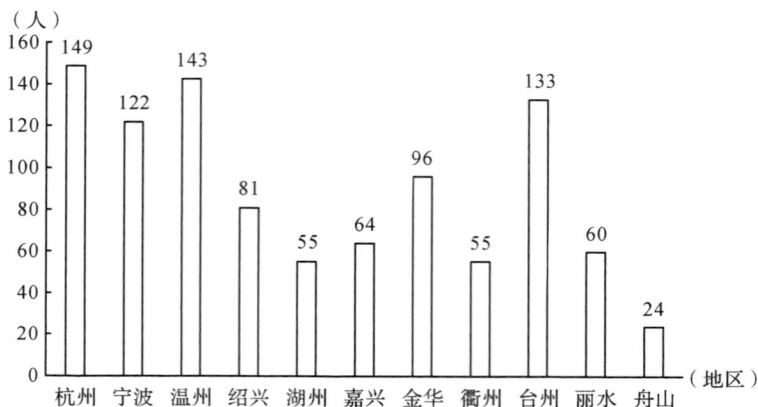

图 2-3　浙江创业者人数的区域分布

（％）

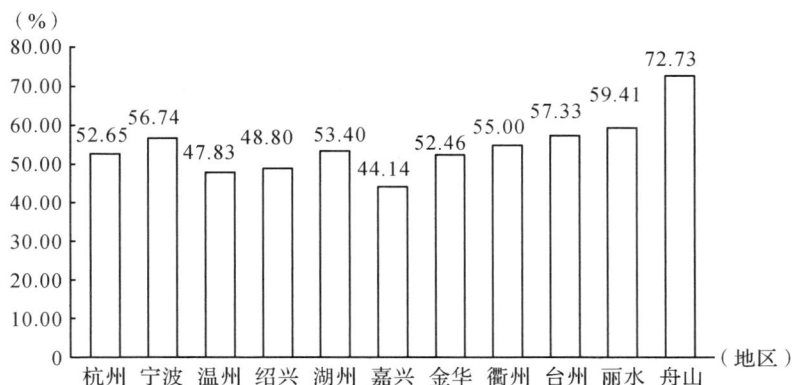

图 2-4　浙江各区域创业者比例

如图 2-5 所示，相较于 2016 年，各市的创业者比例均发生了变化，其中杭州、宁波、湖州和嘉兴的创业者比例出现了较为明显的增加，而绍兴、金华、衢州和丽水则出现了较为明显的下降。

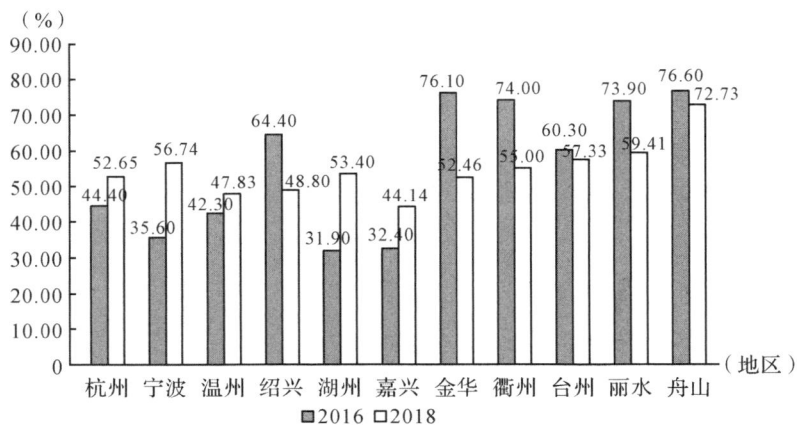

（％）

图 2-5　创业者比例纵向比较

2.3 浙江初生创业者和新企业创业者比例及分布情况

在创业者比例分析的基础之上，我们借鉴 GEM 标准，进一步分析了浙江初生创业者比例和新企业创业者比例，分类标准如表 2-2 所示，衡量指标同时也反映了创业者所处的创业阶段。

表 2-2　三类创业者的衡量指标

衡量指标	定义
初生创业者比例	18—64 岁人口中目前是初生创业者的人数所占比例,这些人参与到其拥有或者共同拥有的企业运营中,运营时间少于 3 个月
新企业创业者比例	18—64 岁人口中目前是新企业创业者的人数所占比例,这些人拥有并管理一个正在运营的企业,运营时间多于 3 个月少于 42 个月
已有企业创业者比例	18—64 岁人口中目前是已有企业创业者的人数所占比例,这些人拥有并管理一个正在运营的企业,运营时间多于 42 个月

运营时间少于 3 个月的初生创业者主要关注初创期创业机会和资金筹集等问题；第二类新企业创业者是初生创业活动的延续者，他们考虑的问题主要是如何生存下去，第三类已有企业创业者，其参与创业活动的时间超过 42 个月，他们主要关注创业活动如何更好地延续与发展。从区域或者国家的角度来看，初生创业者和新企业创业者人数的多少，很大程度上反映了区域经济的活力。如图 2-6 所示，浙江新企业创业者的人数远远多于初生创业者人数，其中初生创业者 111 人，新企业创业者 444 人。

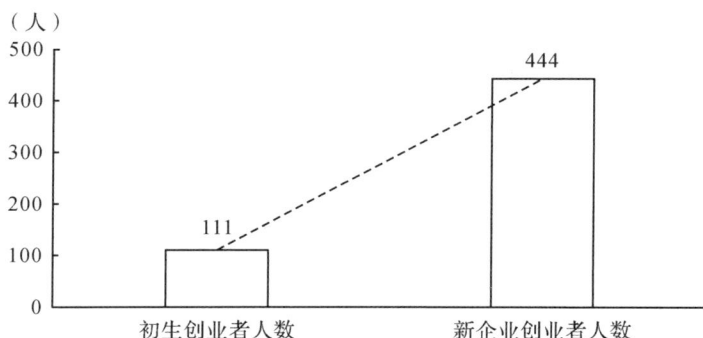

图 2-6 浙江初生创业者和新企业创业者人数

在此基础之上，本书将初生创业者和新企业创业者合称为早期创业者（见表 2-3），进一步计算出浙江初生创业者、新企业创业者和早期创业者占样本总数（共 1860 人）的比例，分别为 5.97％，23.87％和 29.84％，而这三类创业人群的数量分别占创业者样本总数（共 982 个）的比例为 11.30％，45.21％和 56.52％。

表 2-3 调查问卷（初生创业者与新企业创业者界定）

问题	内容
1A1	您个人或您与其他人是否正在尝试创办自己的企业/生意,包括任何自我雇佣或销售任何产品或服务?
1D	对于创办的企业或生意,您个人是完全拥有还是部分拥有,或者没有所有权?
1C	上述谈到的创办企业或生意的事情,您具体参加了_____个月

首先，通过图 2-7 我们可以发现，相较于 2016 年，2018 年浙江初生创业者比例和新企业创业者比例都有所提高，其中初生创业者比例提高 1.07 个百分点，新企业创业者比例涨幅较大，上升了 6.47 个百分点。早期创业者比例达到 29.84％，比 2016 年的浙江早期创业者比例 22.30％提高 7.54 个百分点，提高近三成的早期创业者比例，表明浙江具有很强的经济活力。浙江创业活力的提升与近两年浙江社会经济的发展密不可分。例如，两年来浙江建设了一批省级信息经济特色小镇、信息经济示范区、软件和信息服务

业基地；2017 年以来，浙江出台了关于鼓励和支持事业单位科研人员离岗创业创新实施办法、关于强化实施创新驱动发展战略深入推进大众创业万众创新的实施意见等施政措施。

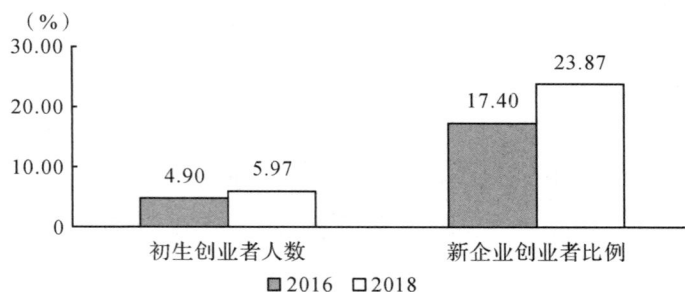

图 2-7　浙江初生创业者和新企业创业者比例纵向比较

其次，我们进一步观察浙江初生创业者与新企业创业者的区域分布与区域比较情况。 通过图 2-8 我们可以发现，杭州、温州、宁波和台州的初生创业者人数较多，而湖州、丽水、衢州和舟山的早期创业者人数较少。

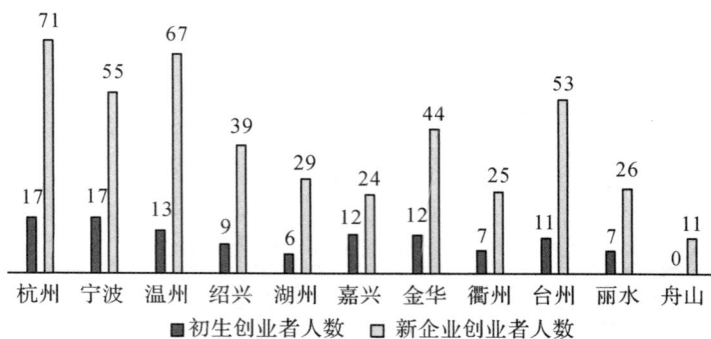

图 2-8　浙江各区域初生创业者和新企业创业者人数

最后，我们进一步计算各市初生创业者比例和新企业创业者比例。 通过图 2-9 我们可以发现，初生创业者比例相对较高的是宁波和嘉兴，比例相对较低的是温州、台州和舟山；新企业创业者比例相对较高的是湖州和舟山，比例相对较低的是嘉兴。

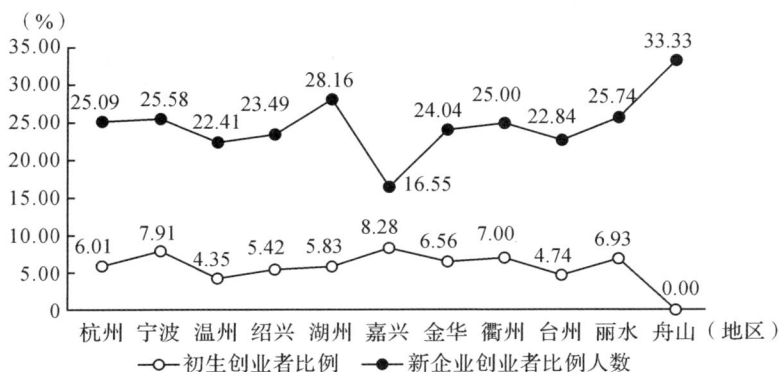

图 2-9　浙江各区域初生创业者和新企业创业者比例

2.4　浙江创业潜力和创业氛围

2.4.1　浙江总体创业潜力和创业氛围的主观评价分析

在上述创业者比例分析的基础上，我们进一步分析浙江民众（1860 个样本）对创业潜力和创业氛围的主观评价，以此更好地把握浙江的整体创业情况。 相关的调查问卷和结果如表 2-4 和图 2-10 所示。

表 2-4　调查问题（创业潜力与创业氛围）

问题	内容
I1	您认识的人中是否有人在过去 2 年内创办了自己的企业或生意
I2	未来 6 个月内,在您居住的地区是否将会有创办企业或生意的好机会
I3	您是否具备创办一个新企业或生意所需的知识、技能和经验？
I4	对失败的恐惧,是否会阻碍您尝试创办新企业或生意？
I6	在当地,是否大部分人都认为创办一个新企业或生意是一项理想的职业选择
I7	在当地,那些成功创办企业或生意的人是否享有较高的社会地位和声望

问题	内容
I8	在当地,您经常在媒体上看到一些成功创办企业或生意的故事吗?

对于上述 7 个问题的回答我们要进行相应的处理。 针对问题 I4,我们将数据进行反向处理,即将回答为 "是" 的赋值为 0,回答为 "否" 的赋值为 1;对于其余问题均将回答为 "是" 的赋值为 1,回答为 "否" 的赋值为 0。

对于创业潜力,我们主要通过 4 个指标进行测量,分别是身边朋友的创业情况、近期有无创业机会、创业所具备的知识和技能及自身对于创业失败的态度。 对于创业氛围,我们主要通过 3 个指标进行测量,分别是对创业的追求、对创业的评价,以及媒体对创业的报道。 然后,我们通过计算测量指标的均值来计算 2 个变量的取值。

由图 2-10 可知,浙江总体创业潜力得分为 0.67,相比于 2016 年的得分 0.72,稍有下降。 创业氛围得分为 0.55,比 2016 年的 0.85 有较明显的下降。 "大众创业、万众创新" 是 2015 年李克强总理在政府工作报告中提出的,2016 年 5 月国务院办公厅印发《关于建设大众创业万众创新示范基地的实施意见》(以下简称《意见》),系统部署双创示范基地建设工作。 《意见》指出,为在更大范围、更高层次、更深程度上推进大众创业、万众创新,加快发展新经济,培育发展新动能,打造发展新引擎,按照政府引导、市场主导、问题导向、创新模式的原则,加快建设一批高水平的双创示范基地,扶持一批双创支撑平台,突破一批阻碍双创发展的政策障碍,形成一批可复制可推广的双创模式和典型经验。 在浙江方面,2015 年,密集出台《关于加快推进创新驱动发展战略实施工作的通知》《公众创业创新服务行动方案》《关于推广应用创新券推动 "大众创业、万众创新" 的若干意见》《关于进一步加强技术市场体系建设促进科技成果转化产业化的意见》等一系列政策举措,推动科技人员和团队、民间资本、创业资本和科技成果相结合，促进科技资源开放共享，构建了具有鲜明特色导向、重大改革引领、坚持法治保障的创新政策体系，消除了创业创新者的后顾之忧。 这一系列政策方针都为浙江人民创业营造了良好的创业环境。 因此，创业氛围得分在 2016 年出现了一次高峰，达到 0.85 分，这说明大多数人都能感知到周边创业氛围的存在，即总体创业水平处于一个较高的状态。 近两年来浙江的创业活动正在稳步推进，但相关的新闻报道、宣传活动等相较于 2016 年有所减少；与此同时，互联网方面创业数量减少，为数不少的企业也在向内陆如四川、重庆、陕西等省份转移，以及全球贸易保护主义的抬头打压进出口贸易企业的发展等国内外经济形势，可能是造成浙江创业氛围评价成绩下滑的原因。 当然浙江 2018 年创业氛围得分与 2016 年的相比明显下降的情况，值得进一步分析。

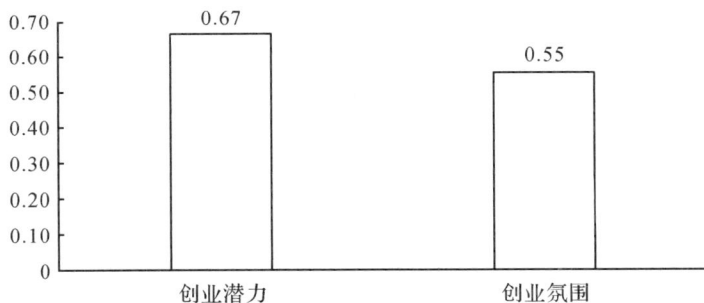

图 2-10　**2018 年浙江创业潜力和创业氛围**

2.4.2　浙江创业潜力和创业氛围的区域评价

在创业潜力评价方面（见图 2-11、图 2-12），浙江各市差距不是很大，大多处于 0.60 到 0.70 之间，舟山除外，只有 0.59，但相比于 2016 年的 0.40，已经有明显的进步。 在全省 11 个地级市中，绍兴最高，为 0.71；金华为 0.70；排名靠后的除了舟山外，还有湖州（0.62），这说明其创业潜力在未来一段时间还有待挖掘。

在创业氛围评价方面，各地区所感知到的创业氛围的差距也不是很大。 相对而言, 舟山的创业氛围评价最高, 为 0.69, 湖州和台州的得分也相对较高。 最低的为嘉兴和丽水, 分别为 0.50 和 0.51。 此外, 虽然舟山的创业氛围评价最高, 但是其创业潜力评价却是全省最低, 这说明其在引导大众进行创新创业的措施上有待加强。

在创业氛围的纵向比较上, 从图 2-13 可以看出, 2018 年浙江 11 个地级市的创业氛围得分均小于 2016 年, 这与上述有关创业氛围的总体分析是一致的。 在创业潜力方面, 绍兴的潜力相较于 2016 年得到了释放, 从 2016 年的 0.67 上升到 2018 年的 0.71; 舟山创业潜力的释放最明显, 得分从 2016 年的 0.40 上升到 2018 年的 0.59。 其他城市方面, 杭州、宁波、温州基本持平, 湖州、嘉兴、金华、衢州、台州均出现了明显下降。

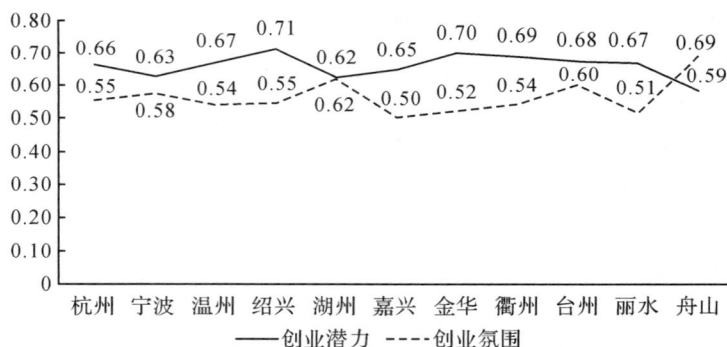

图 2-11　2018 年浙江各区域创业潜力和创业氛围比较

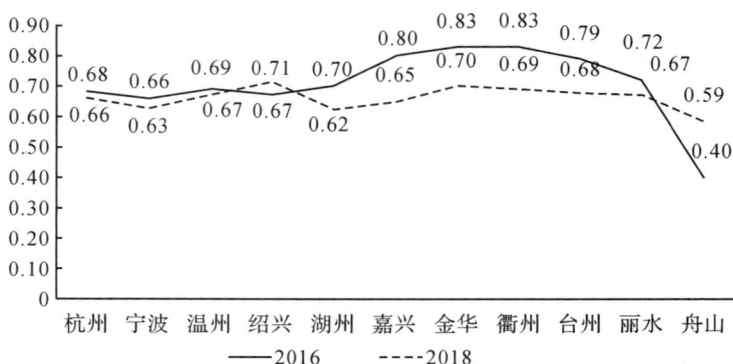

图 2-12　浙江各区域创业潜力纵向比较

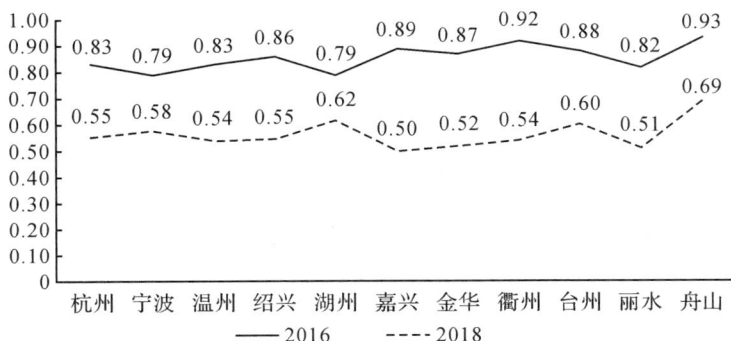

图 2-13　浙江各区域创业氛围纵向比较

2.5　结论与讨论

　　本章对浙江总体创业的情况进行了分析。 一方面，利用客观数据测量了浙江的各类创业者比例，以此形成对浙江总体创业状况的基本把握；另一方面，通过对创业氛围和创业潜力的主观评价，对浙江总体创业环境有了基本的了解。 概而言之，得到以下几个方面的结论，并围绕这些结论进行了初步的讨论。

　　第一，浙江创业者比例总体分析结果显示，浙江的总体创业处于较高的发展水平。 2018 年的创业者比例为 52.80％，与 2016 年的创业者比例 51.80％相比，略有增长。 数据表明，半数以上的浙江民众都参与到创业之中，这与浙江历来的创业传统和当前良好的创业政策息息相关。

　　第二，浙江初生创业者比例和新企业创业者比例分析结果表明，浙江具有较高的创业热情和创业活跃度。 就初生创业者和新企业创业者的人数与比例而言，杭州和温州在全省都处于较高水平。 此外，浙江初生创业者、新企业创业者和早期创业者占样本总数的比例，分别为 5.97％，23.87％和 29.84％。 早期创业者比例这一数据表明，浙江近三成的人为初生创业者和新企业创业者，高于 2016 年报告中的 22.4%，这个结果显示浙江具有很强的经济活力。 但是，也必须说明的是，初生创业者的比例远小于新企业创业者的比例，这可能是由于近期不乐观的国内外总体经济形势使浙江处于创业低潮。

第三，浙江 11 个市的创业者比例分布数据显示，舟山和丽水的创业者比例占据前两位，但它们在 2017 年浙江 GDP 总量的排名为倒数两位。 增加创业活动可以通过提高竞争、创新和实践水平，进而提高生产力，促进经济增长。 因此，舟山和丽水正在努力以创业活动促进地区经济水平的发展。

第四，浙江创业氛围和创业潜力评价结果显示，相较于 2016 年浙江在"大众创业、万众创新"方面营造的良好环境，民众在 2018 年感知到的创业氛围正在趋于平稳。 浙江总体的创业潜力得分为 0.67，创业氛围得分为 0.55，相较于 2016 年的数据都出现了较明显的下降。

总之，本章研究表明，浙江具有较高的创业者比例，这也有力证明了浙江作为创业大省的地位，同时浙江发展落后的地区正在谋求以创业促进经济的发展。 但也必须指出，浙江相对较低的初生创业者比例，以及相对创业潜力而言较低的创业氛围得分，均表明浙江在创业强省方面表现得并不尽如人意，原因可能是较为严峻的国际贸易形势和国内转型升级压力一定程度上限制了浙江人民的创业热情。 因此，在这两个方面还有待进一步分析。 第一，创业活跃度的区域差异成因分析。 本章分析说明，浙江的不同市在创业者比例方面具有较为明显的差异，那么这种差异的成因是什么？ 嘉兴为何排名殿后？ 与当地的总体经济态势和区域文化是否有关系？ 如果有关，那么具体的关系又如何？ 第二，区域创业质量是区域创业水平的重要判断指标，那么，浙江各地市创业主体的情况如何，他们的创业动机有何不同？ 这就需要分析浙江的创业主体及他们的创业类型情况。

第3章 浙江创业类型及其相关分析[①]

3.1 浙江创业主体

创业者作为创业行为的主体，其个体的基本背景特征（包括性别、年龄、学历及区域分布等），一方面，可以反映创业者的人力资本和社会资本情况。人力资本主要包括创业者的受教育程度、工作经验、创业经验等，而社会资本则主要包含创业者的社会网络、社会结构及社会成员身份（Davidsson et al.，2003）。另一方面，可以侧面反映创业者资源获取能力、机会发现/创造和风险承担倾向（Hmieleski et al.，2015）。创业者环境的互动关系会对其创业活跃程度和创业水平产生重要影响。因此，有必要对本次调查中创业者的基本特征进行研究，刻画创业者主体的画像。这部分主要对初生创业者和新企业创业者（即早期创业者的总数量）的有效样本进行分析。

3.1.1 浙江创业者性别分布

对浙江创业者的早期研究显示，女性与男性创业者在心理特质包括成就动机、内控点、自我效能感等方面的差异微乎其微

[①] 第3章、第4章的所有数据均为分析初生创业者和新企业创业者的情况，数据与前与所不同。

（Cromie，1987；Quader，2012）。 然而，最新研究表明，女性创业者在神经质（Neuroticism）和外向性 （Extraversion） 2 个心理特质方面的不足，导致其创业风险承担力下降（Zhang et al.，2014）。而且有学者基于人口统计学方面的研究显示，在创业风险承担上，女性相比于男性，在人力资本及融资能力方面均处于劣势（Metz et al.， 2001；Eddleston et al.，2016）通过图 3-1 我们可以发现，浙江的女性创业者占了早期创业者总数的 47.57％；男性创业者比例略高于女性创业者，为 52.43％。 接近 50％的女性创业者比例与全球GE 报告中的女性创业数据相比，可见女性创业在浙江正蓬勃展开。

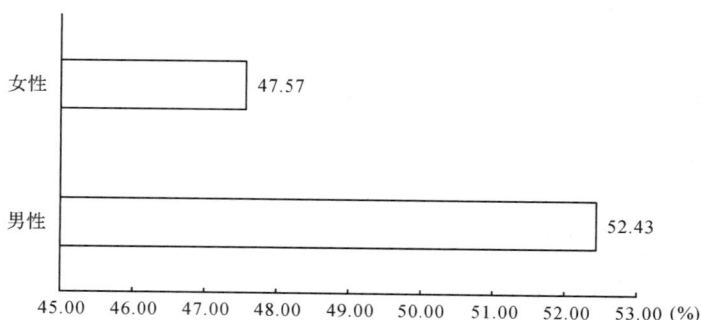

图 3-1　浙江创业者性别分布

随着世界经济和社会的发展，女性创业在世界范围内已成为女性就业的新趋势。 通过图 3-1 和图 3-2 我们可以发现，2018 年浙江女性创业者的比例较高，而且相较于 2016 年，有了小幅的提升，上升了 2.27 个百分点。

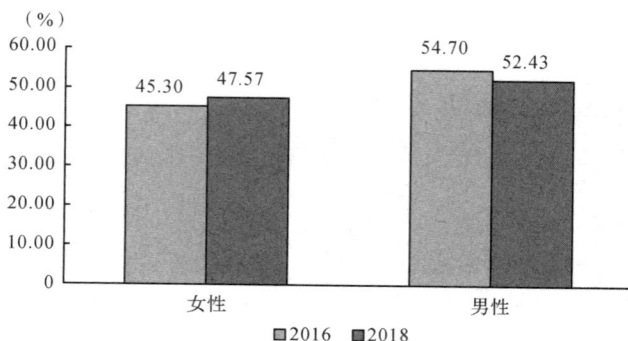

图 3-2　浙江创业者性别分布纵向比较

3.1.2　浙江创业者年龄分布

创业者的年龄与其经验、阅历相关，也在一定程度上代表着风险性倾向中获取资源的能力（Anderson et al.，2013）。通过图 3-3 我们可以发现，浙江创业者的年龄主要集中在 18—44 岁之间，比例累积高达 92.71%，其中最多的是 25—34 岁阶段，达到了 45.26%；其次是 35—44 岁阶段，达到了 29.20%。

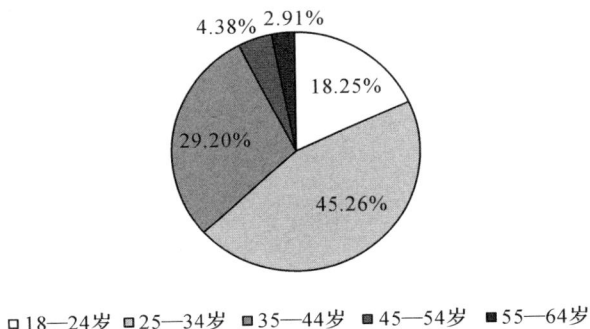

図 18—24岁　図 25—34岁　図 35—44岁　■ 45—54岁　■ 55—64岁

图 3-3　浙江创业者年龄分布

通过图 3-4 我们可以发现，相较于 2016 年，在 2018 年 18—24 岁之间的创业者比例出现了大幅下跌，下降了 22.25 个百分点；相比之下，35—44 岁之间的创业者比例出现了大幅上升，提高了 17.5 个百分点；而 25—34 岁年龄段的创业者比例基本不变。值得注意的是，老年人创业展现了新的势头，55—64 岁人群的创业比例相比于 2016 年上升了 2.02 个百分点。

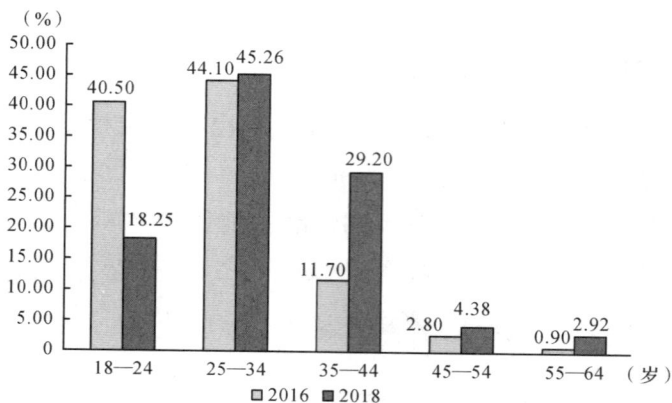

图 3-4 浙江创业者年龄分布纵向比较

3.1.3 浙江创业者学历分布

创业者接受的教育能为创业者带来显性知识（Davidsson et al.，2003）。 创业者的学历高低虽然与创业者是否创业没有必然联系，但它能在一定程度上反映出个体的整体素质和学习能力。已有元分析（Meta-analysis）的结果显示，人力资本显著影响创业企业的绩效情况（Unger et al.，2011）。 通过图 3-5 我们可以发现，拥有本科学历、大专学历和高中/中专学历的创业者占了创业者总体中的大多数。 其中，本科学历最高，达到了 49.55％；其次是大专学历，达到了 26.40％。

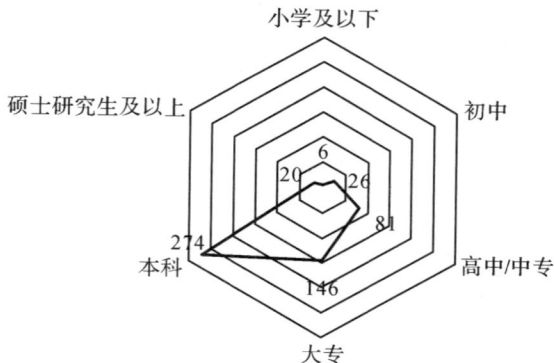

图 3-5 浙江创业者学历分布

通过图 3-6 我们可以发现，相较于 2016 年，2018 年拥有高中/中专学历和大专学历的创业者的比例下降明显，分别下降了 8.04 和 5.78 个百分点。 这从侧面反映了我国正在推行的 "大众创业、万众创新" 的效果。

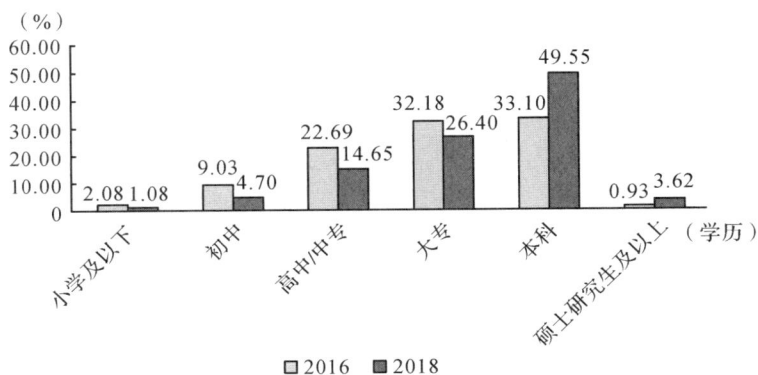

图 3-6 浙江创业者学历分布纵向比较

3.1.4 创业者家族创业环境

创业者进行创业需要投入大量的资源以开发未来的商业机会（Dess et al.， 2005），家族资源能力为创业活动带来了 "氧气燃料"，助燃创业行为（Rogoff et al.， 2003）。 通过调研被访者的家族创业传统（见表 3-4），我们得出了如图 3-7 所示的结果。 从中可以发现，在创业者群体中，家族从祖辈开始经商的创业者占了最大部分，达到了 53.01%；其次是家族从同辈（兄弟姐妹）开始经商的创业者，比例达到了 32.14%。 也就是说，有 67.86% 的浙商创业者是受到了来自其祖辈和父辈的创业影响而选择创业的。由此可见，浙江重商的历史传统和家族经商的氛围，感染着一代又一代的浙商儿女加入创业的行列中。

表 3-4　调查问卷(创业者家庭创业背景)

问题	内容
7ZB2	您的家族是否有经商的传统？这里说的家族包括祖辈的祖父母和外祖父母；父辈的父母、叔伯、姑姨；同辈的兄弟姐妹

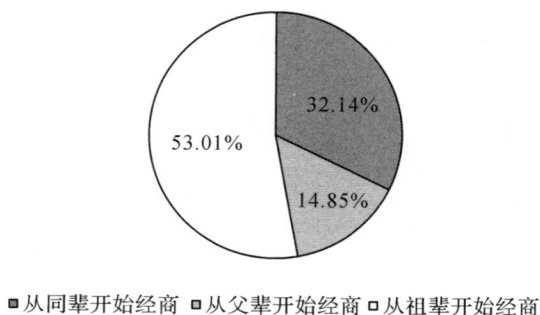

■ 从同辈开始经商　■ 从父辈开始经商　□ 从祖辈开始经商

图 3-7　浙江创业者家庭创业背景

我们也比较了本部分数据与 2016 年报告中数据的区同。 通过图 3-8 我们可以发现，2016 年有 79.43％的创业者受到了来自家族的创业影响，比 2018 年的还要多，结果的差异主要来自受到父辈影响创业的群体，大幅下降了 39.23 个百分点；但家族中从祖辈开始经商并受影响的创业者比例出现了大幅提高，上升了 27.66 个百分点。

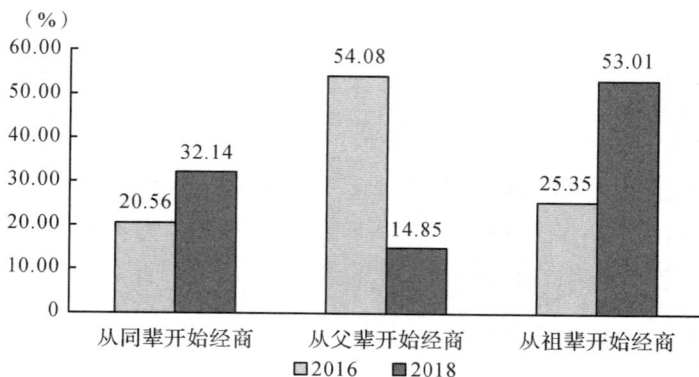

图 3-8　浙江创业者家庭创业背景纵向比较

在创新引擎的推动下，浙江已经形成了高校系、阿里系、浙商系和海归系四大创业主体，这四大创业主体被称为浙江的"创业新四军"。在全球化的今天，海归系已经成为浙江创业的重要力量。然而，本次调研显示，海归系在浙江早期创业者群体中所占的比重很小，仅为 2.2%。造成这一现象的原因，一方面可能源自样本的自选择，另一方面可能是海归人员具有更多的成长路径可供选择。但必须说明的是，海归系虽然所占比例相对较低，但并不意味着这一群体缺乏足够的影响力。事实上，浙江的海归创业者往往是高端创业和科技创业的代表。

3.2　浙江创业者创业动机与创业类型

3.2.1　浙江创业者创业者创业动机分析

2001 年的全球创业观察报告中首次提出了要根据创业动机的不同，将创业分为"机会型创业"及"生存型创业"。生存型创业是指那些由于没有其他更好的工作选择或对其他就业选择不满意而从事创业的活动；机会型创业是指那些为了把握一个商业机会而从事创业的活动。通过创业动机的问项（如表 3-5、图 3-9 和图 3-10 所示），我们可以发现，在早期创业者群体中，机会型创业占了大多数，比例达到了 76.06%，而生存型创业只占了 23.94%。这在一定程度上反映了浙江的创业机会多，创业者善于捕捉创业机会来实现创业。总体来说，现今浙江的创业活动相比于改革开放初期，已经实现了从生存型创业到机会型创业的转变，这是浙江作为创业大省乃至强省的有力依据。

表 3-5 调查问卷（创业动机）

问题	内容
1K1	您开创新的企业或生意是为了把握商机，还是因为没有更合适的工作？
2K1	您当初开创新的企业或生意是为了把握商机，还是因为没有更合适的工作？

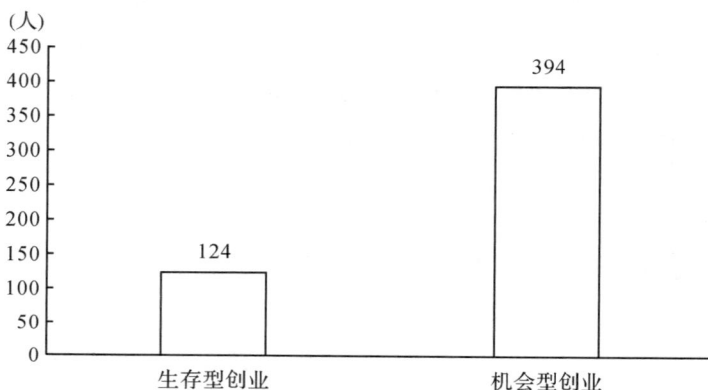

图 3-9 浙江创业者创业动机（创业类型）

通过图 3-10 我们可以发现，相较于 2016 年，浙江生存型创业的比例有了一定幅度的上升，提高了 10.65 个百分点，而机会型创业的比例则下降了 10.65 个百分点。 造成上述结果我们认为可能存在实际情况和理论上的两方面原因：实际情况方面，我国的经济形势由高速向中高速发展，国内经济进入新常态并伴随国际贸易主义的抬头，这在一定程度上打压了机会型创业增加了生存型创业；理论上来说，我们通过全球创业观察多年大量的数据调研得出一个基本规律，即早期创业活动指数与人均 GDP 呈正 U 形关系，U 形曲线呈现左高右低的形状。 简单地说，创业比例最高的国家，首先出现在人均 GDP 最低的国家中。 随着人均 GDP 的增加，早期创业活动的指数先是下降，然后再上升（郑馨，2015），将 GEM 全球创业报告研究理论迁移到浙江创业情况，可能说明浙江随着人均 GDP 的增加，生存型创业正处于 U 形拐点右侧上升段。 总之，对于机会型创业比例下降、生存型创业比例上升的情况，值得我们的进一步研究，尤其是对后续浙江创业观察报告的跟踪研究。

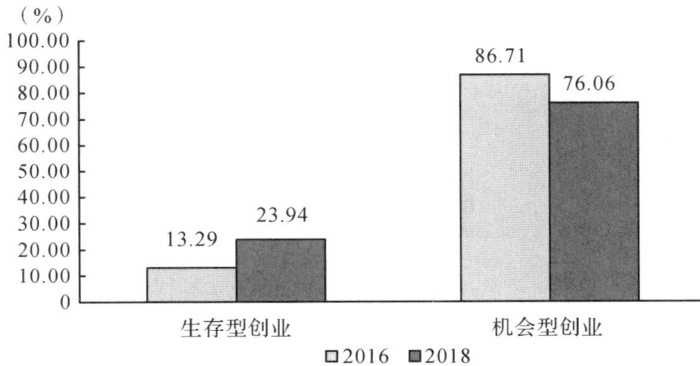

图 3-10　浙江创业者创业动机纵向比较

3.2.2　浙江创业者性别与创业动机的交叉分析

在总体分析创业动机的基础上，我们可以进一步从创业者与创业阶段来细分创业动机，具体包括性别与创业动机的交叉分析，年龄与创业动机的交叉分析，学历与创业动机的交叉分析，以及创业阶段与创业动机的交叉分析。 通过图 3-11 我们可以发现，无论是在机会型创业还是生存型创业中，男性创业者的比例都要高于女性创业者。 而无论是在男性创业者还是女性创业者中，机会型创业的比例均要远大于生存型创业。

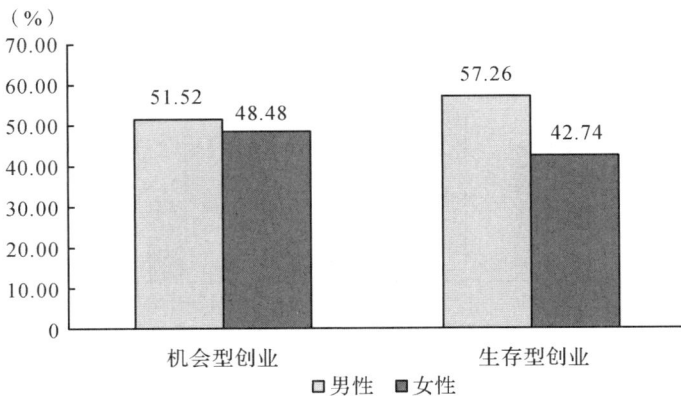

（a）

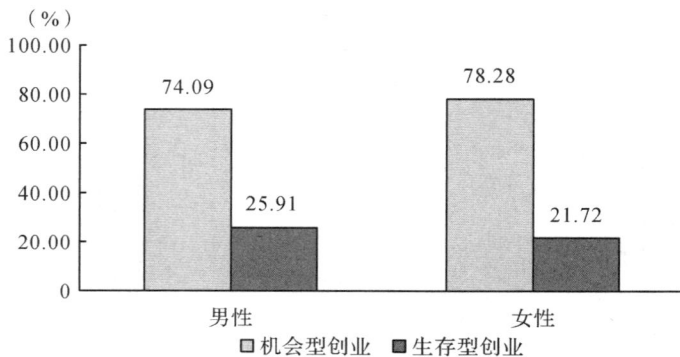

（b）

图 3-11 浙江创业者性别与创业动机的关系

3.2.3 浙江创业者年龄与创业动机的交叉分析

通过图 3-12 我们可以发现，在 18—34 岁之间，创业者群体中机会型创业和生存型创业的数量相当；而随着年龄的增长，在 35—54 岁之间，机会型创业的数量要远多于生存型创业。值得注意的是，老年人（55—64 岁）创业时生存型占绝大多数。此外，在机会型创业中，25—34 岁之间的创业者占了大多数；而在生存型创业中，25—34 岁和 55—64 岁的创业者占了大多数。

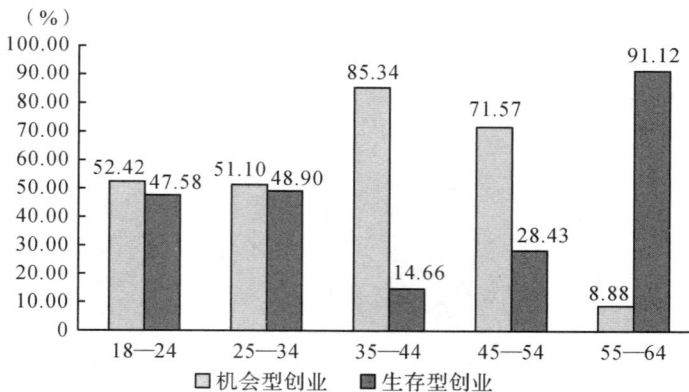

（a）

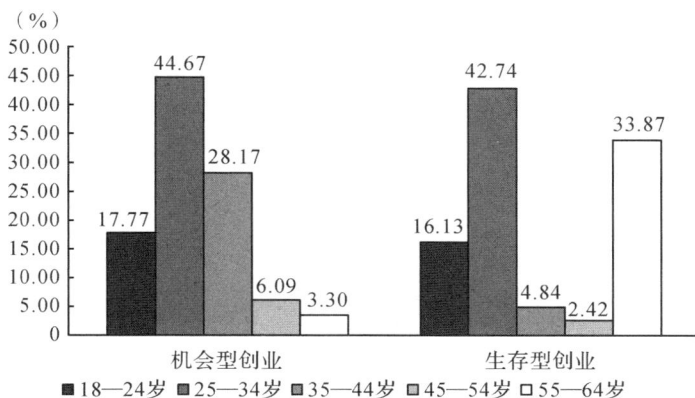

（b）

图 3-12 浙江创业者年龄与创业动机的关系

3.2.4 浙江创业者学历与创业动机交叉分析

通过图 3-13 我们可以发现，在初中到硕士研究生及以上学历的创业者中，机会型创业的比例均要远大于生存型创业。 而无论是在机会型创业中还是在生存型创业中，拥有本科学历的创业者始终是创业的主力军。

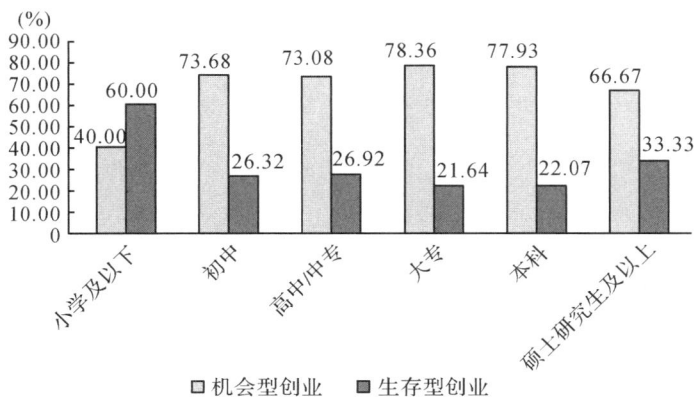

（a）

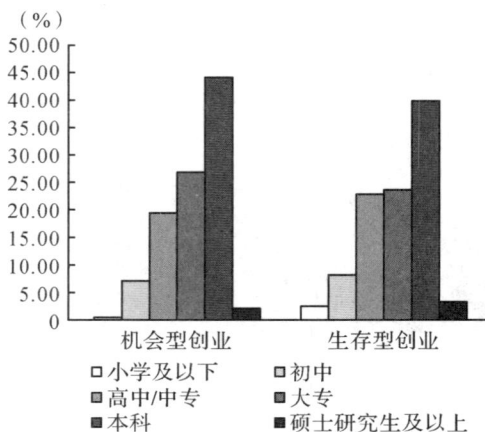

（b）

图 3-13 浙江创业者学历与创业动机交叉分析

3.2.5 浙江创业阶段与创业动机交叉分析

通过图 3-14（a）我们可以发现，在初生创业者和新企业创业者中，机会型创业者的比例均要远大于生存型创业者，机会型创业者的比例均超过了 70％；而在机会型创业和生存型创业中 [见图 3-14（b）]，新企业创业者的比例要远大于初生创业者，这反映出抓住了机会的创业者倾向于开始实施创业活动；也就是说，他们不是仅将机会储存于头脑中，面是付诸行动。

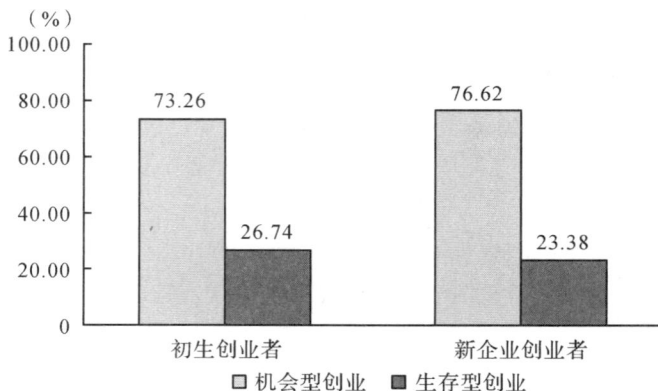

（a）

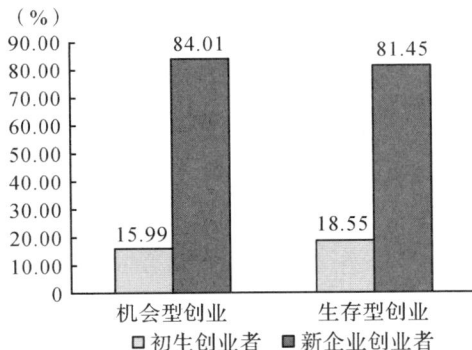

（b）

图 3-14 浙江创业阶段与创业动机的关系

3.3 结论与讨论

本章结合现有创业理论前沿文献，对浙江创业者的创业者主体和创业动机进行了分析，得出以下结论。

第一，从创业者的人口统计特征来看，浙江的男性创业者占浙江早期创业者群体的比例达到 52.43%，但女性创业在浙江的发展势头强劲，已经接近半数达到 47.57%，比 2016 年上升 2.27 个百分点；浙江创业者的年龄集中在 18—44 岁之间，比例累积高达 92.71%，其中最高的是 25—34 岁阶段，达到了 45.26%；同时值得注意的是，相较于 2016 年，18—24 岁之间的创业者比例出现了大幅下跌，下降了 22.25 个百分点；随着学历的升高，创业人数的变化整体呈现为"中间大，两头小"的橄榄球形，大专/本科学历的创业者最多，而小学及以下和研究生学历的创业者却很少，这与2016 年的结果一致。

第二，从浙江特色的"创业新四军"来看，浙商系在浙江创业领域中的力量不容小觑，占到浙江早期创业者群体的 67.86%，但与 2016 年的 79.43% 相比较有下降的趋势，结果的差异主要来自受到父辈影响创业的群体，大幅下降了 39.23 个百分点。 而海归系的创业者比重很小，仅占 2.2%，与 2016 年的结果基本一致。

第三，从创业动机来看，机会型创业占了大多数，比例达到了 76.06%，而生存型创业则占了 23.94%。 这说明浙江的早期创业活动总体上已经实现了从生存型创业到机会型创业的转变。 但相比于 2016 年浙江的机会型创业的占比 86.71%，2018 年的数据结果显示，生存型创业的比例上升了近 10 个百分点。

第四，从创业主体和创业动机的交叉分析来看，可以得到如下结论：性别和创业动机的交叉分析显示，无论是在机会型创业中，还是生存型创业中，都是男性创业者的比例偏高；而无论是在男性创业者还是女性创业者中，机会型创业的比例均要远大于生存型创业。 年龄和创业动机的交叉分析表明，无论是机会型创业还是生存型创业，创业者主要都分布在 18—34 岁，具体来看，18—24 岁的生存型创业者偏多，25—34 岁的机会型创业者偏多，上述结果与 2016 年的结果一致。 但值得注意的是，2018 年的数据显示，老年人（55—64 岁）创业者以生存型创业为主。 学历和创业动机的交叉分析说明，拥有初中以上学历的创业者中，机会型创业的比例远大于生存型创业。 虽然机会型创业和生存型创业在学历分布上是总体相似的，但综合来看，机会型创业中拥有本科/大专学历的创业者比重高于生存型创业，这在一定程度上说明机会型创业的学历结构更高一些，上述结果与 2016 年的结果一致。 创业阶段和创业动机的交叉分析显示，机会型创业者占到初生创业和新企业创业这两个创业阶段的创业者群体的 73.26% 和 76.62%，占绝对优势，这说明浙江各个创业阶段的创业类型结构从整体上来看是有发展潜力的。 但值得注意的是，上述两个数据与 2016 年的 90.22% 和 85.76% 相比均出现了下滑。

上述结论从整体上揭示了浙江省的创业类型及其分布状态，未来我们可以在以下两个方面开展进一步研究：第一，18—24 岁之间的创业者比例出现了大幅下跌，与此同时，老年人（55—64 岁）的生存型创业比例上升，而且 2018 年的数据结果显示生存型创业的比例上升了近 10 个百分点。 这究竟是总体经济形势造成的，还是其他原因导致的，值得进一步分析，以给予相关部门做决策参考。第二，浙商新生代创业群体中，2018 年相较 2016 年，受到父辈影响创业的群体的比例，大幅下降了 39.23 个百分点；但家族是从祖辈开始经商并受影响的创业者比例出现了大幅上升，提高了 27.66 个百分点。 这是一个非常有趣的发现，一方面说明老浙商精神历久弥新，另一方面从侧面反映了近年来中生代浙商的业绩和指导方式尚没有让新生代感到满意。 第三，浙江创业的"新四军"在浙江创业生态系统中的角色和地位。 本章分析表明，浙商系占据浙江创业群体的大多数，而海归系则占据较小的比例。 这仅仅是从数量上进行研究得到的一个结果，还没有真正揭示浙江这四大类创业群体在整个浙江创业生态环境中的角色和地位。

第4章 浙江创业机会、能力与女性创业

4.1 浙江创业机会与创业能力的总体状况

4.1.1 浙江创业机会

　　创业机会是创业研究的核心（斯晓夫等，2016），创业的根本目的是满足顾客需求。而顾客需求在没有满足前就是问题，问题在哪里，机会就在哪里。寻找创业机会的一个重要途径是发现和体会自己和他人在需求方面的问题或生活中的难处。比如，阿里巴巴公司发现现有的银行信用卡支付方式十分不便，这种不便隐含着商业机会，阿里巴巴公司看到了这种机会，因此就创办了支付宝，由于支付宝相比较传统的银行支付有很多优点，后来便大获成功。这便是把原来的问题转化为创业机会的成功案例。一般来说，创业机会是指创业者可以利用的商业与社会发展机会。*New Verture Creation：Enterpreneurship for the 21st Century* 的作者 Jeffry A. Timmons 教授认为，好的商业机会有以下4个特征：第一，它很能吸引顾客；第二，它能在你的商业环境中行得通；第三，它必须在机会之窗存在的期间被实施（注：机会之窗是指商业想法推广到市场上所花的时间，若竞争者已经有了同样的想法，并已把产品推向市场，那么机会之窗也就关闭了）；第四，你必须有资源（人、财、物、信息、时间）和技能才能创立业务。创业涉及

很多关键因素，那么其核心究竟为何？

认识与明确创业机会，将大众创业建立在创业机会的基础上，是我国大众创业避免"盲创"的重要条件。深入研究创业机会，对于创业研究本身，以及我国的大众创业都具有重大理论与学习意义。

基于对早期创业者样本的调查分析，本部分根据表 4-1 的内容对创业机会进行测量。在问题 1G1 中，如果认为产品有新颖性和独特性，则意味着更多的创业机会，回答为"1"的记作 5，回答为"2"的记作 3，回答为"3"的记作 1；在问题 1G2 中，如果竞争对手越少，则意味着更多的创业机会，回答为"1"的记作 1，回答为"2"的记作 3，回答为"3"的记作 5；在问题 1G3 中，如果产品所需技术问世的时间越短，则意味着越多的创业机会，回答为"1"的记作 5，回答为"2"的记作 3，回答为"3"的记作 1。最后根据所有早期创业者对这 3 个问题的回答取均值，得出创业机会值。

表 4-1　调查问卷(创业机会判断)

问题	内容
1G1	在潜在的客户当中，是所有人、部分人，还是根本没有人认为该产品或服务具有新颖性和独特性？ 1······所有人，2······部分人，3······全部否定新颖性和独立性 —1······不知道，—2······拒绝回答
1G2	到目前为止，是有很多或者几家公司可以向您的潜在客户提供相同的产品或服务，还是一家也没有？ 1······很多竞争对手(10 个以上)，2······有少数竞争对手(1—10 个，包括 10)，3······没有竞争对手，—1······不知道，—2······拒绝回答
1G3	请问这个产品或服务所需的主要技术或工艺，问世不到 1 年，还是 1—5 年，或者 5 年以上？ 1······不到一年，2 ······1—5 年，3······5 年以上， —1······不知道，—2······拒绝回答

从对回收问卷的统计分析结果来看（见图 4-1），浙江 11 个地级市的创业机会水平存在差异。杭州作为浙江的省会，其创业机会均值达到了 3.35，在浙江并不突出；衢州的创业机会均值最高，为 4.01；嘉兴的创业机会均值最低，仅为 3.26。但各市的总体创

业机会量相差并不明显，即创业机会在全省的分布情况总体较为均匀。

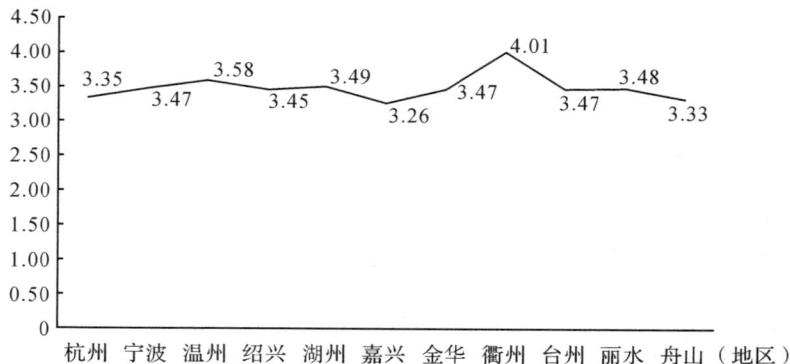

图 4-1 浙江各地区创业机会

　　将浙江各地区的创业机会值与 2016 年的值进行比较（见图 4-2），我们可以发现，杭州的创业机会值有了明显的下降，而衢州、台州和丽水的创业机会值有了明显的提升。 杭州的创业机会值下降，我们认为一方面可能与之前提到的创业氛围减弱和互联网企业创业数量减少有关；另一方面，根据杭州市政府援引元璟资本分析师的研究结果，将新增的创业项目数据和城市的常住人口数进行对比发现，自 2011 年至 2017 年，杭州人均创业密度呈现出赶超上海的明显趋势，而且 2016 年全年和 2017 年上半年的数据显示，杭州人均创业密度一度超过北京，位列全国第一[①]。 杭州在过去 2—3 年的创业呈现蓬勃发展趋势，机会被不断地利用与开发，但 2018 年的数据显示，杭州的创业机会值刚好与浙江全省的均值相同，这是否反映了杭州创业进入了"新常态"；与此同时，"杭州效应"正在向周边地市扩散。 这一结果值得进一步研究。

---

　　① 《杭州人均创业密度全国第一》，杭州日报，2017 年 8 月 4 日，http://www. hangzhou. gov. cn/art/2017/8/4/art_812266_9013624. html。

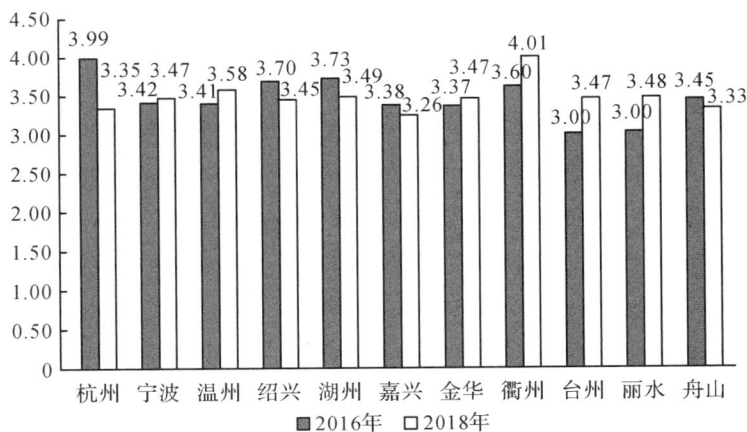

图 4-2 浙江各地区创业机会纵向对比

4.1.2 浙江创业能力

创业能力的高低关系到能否成功把握住创业机会。 本部分根据表4-2的内容对创业能力进行判断。 在问题1VA1中，能够根据机会来改进产品或服务，则意味着更强的创业能力；在问题1VA2中，能够根据手头掌握资源的情况调整工作安排，则意味着更强的创业能力；在问题1VA3 中，能够保持灵活并及时抓住机会，则意味着更强的创业能力。 最后根据所有早期创业者对这 3个问题的回答取均值，得出创业能力值。

表 4-2 调查问卷(创业能力判断)

问题	内容
1VA1	我们会根据机会来改进产品或服务 1……非常不同意,2……有些不同意,3……不同意也不反对, 4……有些同意,5……非常同意
1VA2	我们根据手头掌握资源的情况调整工作安排 1……非常不同意,2……有些不同意,3……不同意也不反对, 4……有些同意,5……非常同意
1VA3	我们能够保持灵活并及时抓住机会 1……非常不同意,2……有些不同意,3……不同意也不反对, 4……有些同意,5……非常同意

从调查问卷的统计分析结果来看，浙江各市的创业能力有着显著的差别（见图 4-3）。 湖州和衢州的早期创业者拥有最佳的创业能力，其创业能力均值分别达到了 4.43 和 4.36；绍兴的早期创业者的创业能力均值最低，仅为 3.79；省会城市杭州的早期创业者的创业能力值只有 3.90，与其他地区相比并不突出。

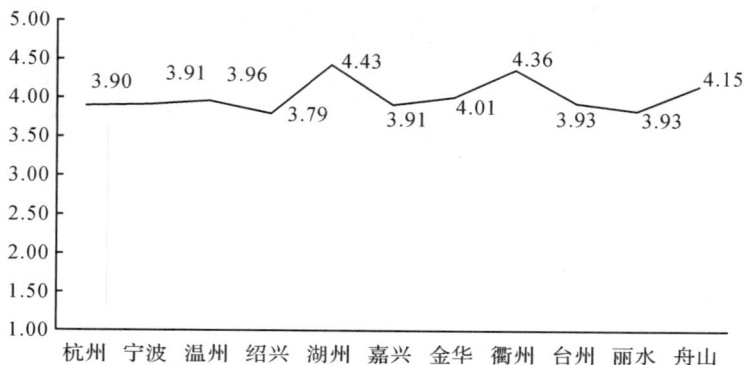

图 4-3　浙江各地区创业能力

将浙江各地区的创业能力值与 2016 年的值进行比较（见图 4-4），我们可以发现，浙江各个地区的早期创业者的创业能力值均有了不同程度的提高，其中创业能力值提高最为明显的城市是湖州、衢州和台州。

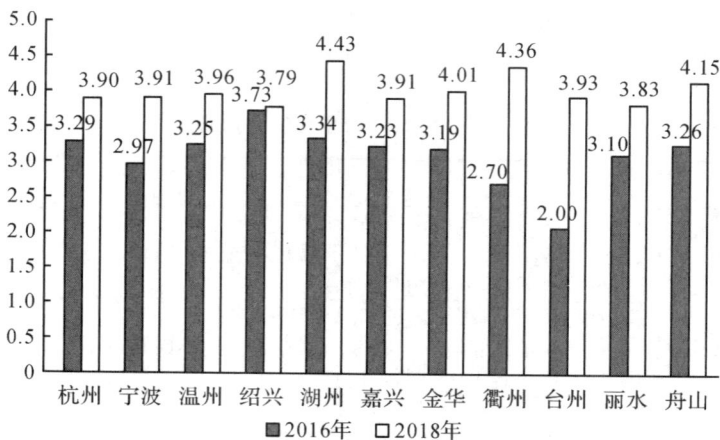

图 4-4　浙江各地区创业能力纵向对比

4.2　浙江女性创业

4.2.1　浙江女性创业者比例

　　作为区域创业机会和创业能力的重要体现，女性创业近几年来得到了越来越多的公众关注。 相对男性创业者而言，女性创业者由于其生理性和社会性特征而在创业大军中处于相对劣势的位置，如前所述，人口统计学方面的研究显示，在创业风险承担上，女性相比于男性一在人力资本方面，二在融资能力方面均处于劣势。（Eddleston et al.，2016；Jeong et al.，2017）所以，在特定区域之中，女性创业者的比例就成为反映区域创业整体生态的重要指标。 为此，我们通过分析女性创业者能在一定程度上揭示浙江整体创业机会与创业能力情况。 从图 4-5 我们可以发现，浙江女性创业者的比例达到了 47.57%，可见浙江的女性创业十分活跃。

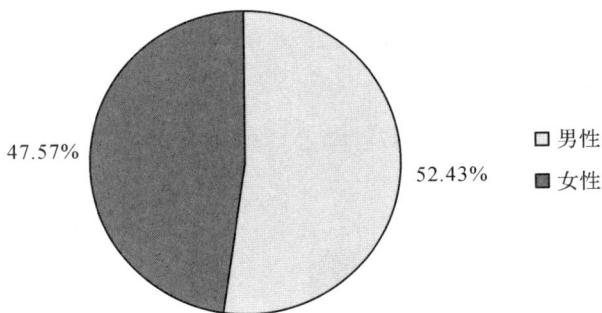

图 4-5　浙江创业者性别比例

4.2.2　浙江女性创业者年龄分布

　　从图 4-6 我们可以发现，女性创业者群体中年龄在 25—44 岁之间的占了早期创业者总体的绝大部分，其中 25—34 岁的年龄段

中，女性占到了创业者总体的 48.78％，年龄在 35—44 岁的女性占
到了该年龄段创业者总体的 48.75％，其余阶段女性创业者的占比
在 43％左右。

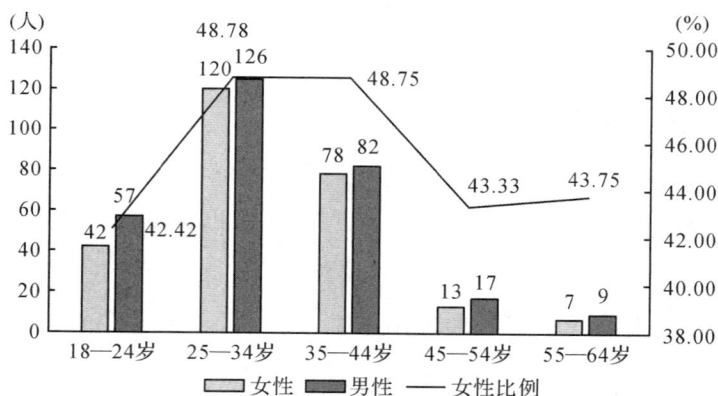

图 4-6　浙江女性早期创业者年龄分布

　　图 4-7 所比较的是各年龄段的女性占全体女性创业者的比例情
况，从结果我们可以发现，相比于 2016 年，在 35—44 岁年龄段的
浙江女性创业者的比例增幅最大，上升到 30.00％。 相比来说，
18—24 岁的女性创业者的比例则出现较明显的下降，2016 年来自
这一年龄段的女性创业者的占比为 33.50％，而 2018 年只有
16.15％。 其余 2 个年龄段（25—34 岁及 45—54 岁）的女性创业
者的比例在 2018 年与 2016 年基本持平。

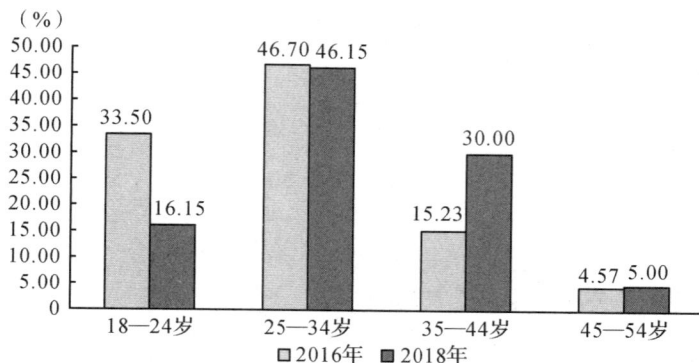

图 4-7　浙江女性创业者年龄分布纵向比较

4.2.3　浙江女性创业者区域分布

通过图 4-8 我们可以发现，杭州和温州的女性创业者较多，女性创业者比例达到或者超过 50％的城市有杭州、湖州、金华和丽水，其中丽水的女性创业者比例最高，达到了 66.67％。 相比来说，嘉兴的女性创业者比例最小，只有 30.56％；绍兴和舟山的比例较小，也仅有 33.33％和 36.36％。

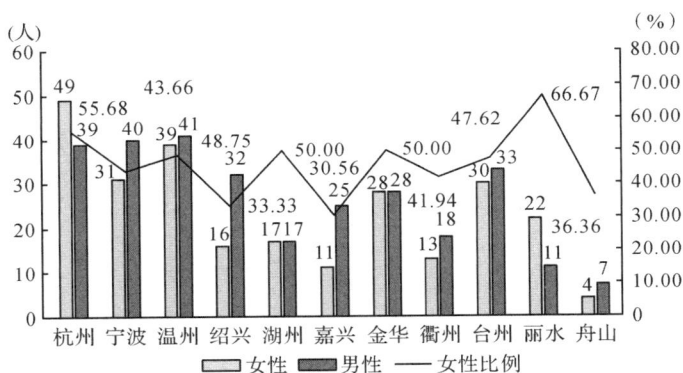

图 4-8　浙江女性创业者区域分布

图 4-9 比较了 2016 年和 2018 年浙江 11 个地级市女性创业者的比例变化情况。 从中我们可以发现，相比于 2016 年，2018 年浙江女性创业者比例上升的城市包括杭州、宁波、温州、湖州、嘉兴和丽水，其余城市女性创业者的占比则出现了下滑。

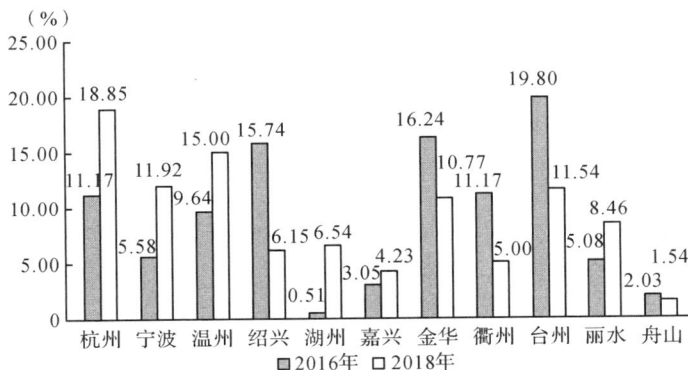

图 4-9　浙江女性创业者区域分布纵向比较

4.2.4 浙江女性创业者学历分布

图 4-10 比较的是男性和女性创业者的学历情况，从中我们可以发现，首先，小学及以下→初中→高中/中专→大专→本科，无论是女性还是男性，创业者所占比例呈直线上升的态势，硕士研究生及以上创业者比例则属于"断崖式"下降。其次，男性和女性的创业者比例在小学及以下、初中、高中/中专、大专基本持平，在本科和研究生阶段，男性创业者所占比例相比而言更高，拥有硕士研究生及以上学历的男性创业者的数量是女性的两倍。这一定程度反映了学历越高女性越不倾向于创业。

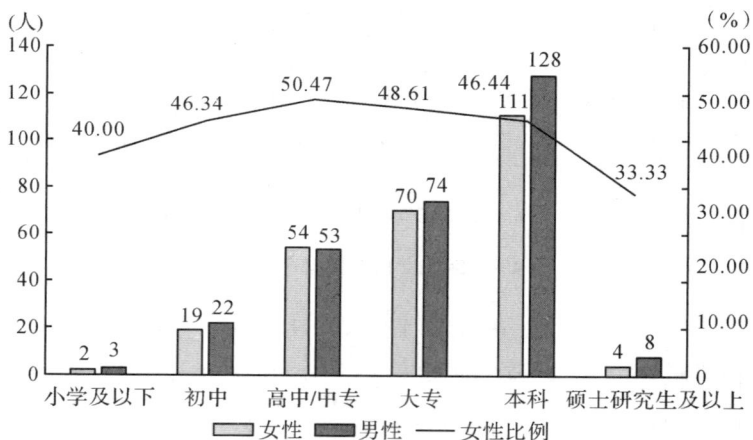

图 4-10 浙江女性创业者学历分布

通过调查问卷（见表 4-3）得到的关于创业者学历的情况，即 2016 年和 2018 年浙江女性创业者的学历变化情况如图 4-11 所示，可以发现，相比于 2016 年，拥有小学及以下、初中、大专和本科四类学历的浙江女性的创业比例稍有上升，上升最大的是大专学历女性，上涨 2.94%；拥有高中和硕士研究生及以上学历的女性的创业比例有所下降，其中拥有硕士研究生及以上学历的创业女性，2018 年只占全部女性创业比例的 1.54%。

表 4-3 调查问卷（创业者学历）

问题	内　容
G	请问您的最高学历是？（必要时读出答案）（单选） 未受过正规教育……1，小学及以下……2，初中……3， 高中/中专……4，大专……5，本科……6， 硕士研究生及以上……7，不知道……—1，拒绝回答……—2

（%）

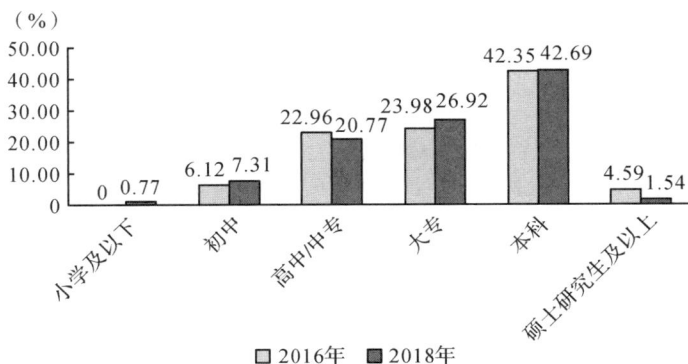

图 4-11 浙江女性创业者学历分布纵向比较

4.2.5　浙江女性创业者创业阶段分布

通过图 4-12 我们可以发现，浙江的女性创业者中新企业创业者占整个女性早期创业者的 80.99%，远多于初生创业者的 19.01%，这说明女性更多的是实干型创业者，而非仅仅把创业停留在想法上。

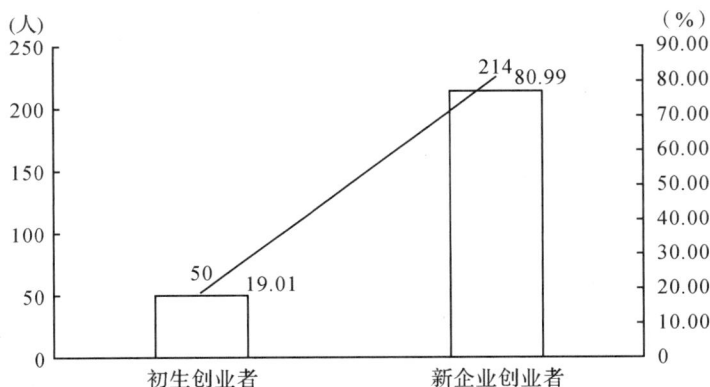

图 4-12 浙江女性创业者创业阶段分布

通过图 4-13 我们可以发现，2018 年浙江女性创业者群体中新企业创业者和初生创业者的比例与 2016 年基本持平，其中新企业创业者的比例有所上升，提高了 1.29 个百分点。

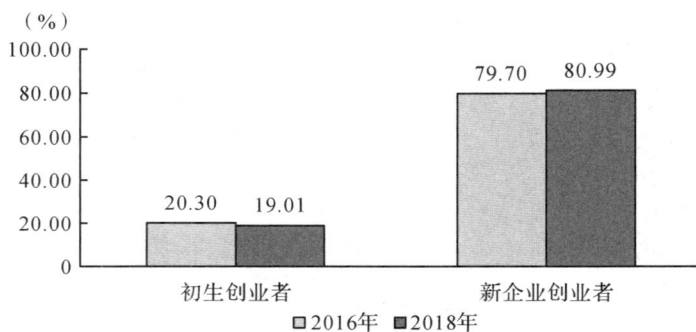

图 4-13 浙江女性创业者创业阶段分布纵向比较

4.3 结论与讨论

本章关注创业者在创业机会、创业能力和浙江女性创业方面的具体情况，重点对浙江 11 个地级市在创业机会和创业能力上的表现进行分析，同时，也对浙江女性创业群体的创业特征和创业行为进行了深入分析，得到的结论主要表现在以下几个方面。

第一，从区位的角度来看，浙江总体创业机会水平的地域分布存在差异，衢州的创业机会值最高，为 4.01；嘉兴的创业机会值最低，仅为 3.26。 同时，各市的总体创业机会量相差并不明显，创业机会在全省分布情况总体较为均匀。 将浙江各地区的创业机会值与 2016 年进行比较后发现，杭州的创业机会值下降得较为明显（下降 0.64），而台州、衢州、丽水提升较多。

针对创业机会值得注意的是，嘉兴的得分再次垫底。 在第 2 章比较全省创业氛围的结果已经显示，嘉兴创业氛围的得分也为全省最低；同时嘉兴的女性创业者所占比例也是最小的，只有

30.56％。 如此的结果值得我们对嘉兴的创新创业进行进一步的研究，再针对性地为地方提供相关政策建议。

第二，湖州和衢州的早期创业者拥有最佳的创业能力，其创业能力值分别达到了 4.43 和 4.36；绍兴的早期创业者的创业能力值最低，仅为 3.79。 在 2016 年的报告中，湖州的创业能力值排名第一，2018 年报告的结果属于蝉联。 总体来说，浙江创业能力水平的总体分布相对均匀；但另一个结果显示，浙江各个地区的早期创业者的创业能力均有了不同程度的提升。 这个结果说明，相比于 2016 年的"双创创业活动"初始期，经过 2 年的发展，创业者对创业活动的本质——抓住机会的理解更为精准，能力得到相应提升。

第三，浙江的女性创业群体占创业总群体的比例很高，几乎占据半壁江山，2018 年该比例相比 2016 年上升近 5 个百分点；上述分析结果显示，浙江的女性创业者中新企业创业者数量占整个女性早期创业者数量的比例远大于初生创业者比例，这说明浙江的女性创业者更多的是实干型创业者而非仅仅将创新停留在想法层面上。但是女性创业人群在浙江各市的分布却不均匀。

第5章　浙江创业中的创新分析

不同类型的创业者对创新认知程度的不同，会影响企业创新发展方案的规划与制定；并且不同类型的创业者在面对外部竞争、企业创新资源时会做出不同的战略决策，进而影响企业的发展。同时，不同类型的创业者所拥有的创新能力高低各不相同，对企业创新活动的不同阶段会产生不同的影响。因此，比较不同类型企业的竞争压力、创新资源与创新绩效有助于我们深入了解浙江创业者创业过程中的创新活动。此外，商业模式创新作为一种典型的创新活动，越来越受到企业家和学者的关注，本章将商业模式创新作为研究对象，深入分析创业者创新能力在不同创新阶段所起的作用，以及创业者如何应对外部竞争压力与使用企业创新资源来提高企业创新绩效。

5.1　分析框架

本章首先从不同创业者面临的竞争压力和所拥有的创新资源出发，了解创业者在创新过程中对市场产品竞争状况的认知及对企业拥有的创新资源的看法，并且对比分析初创企业和已有企业之间的差异。本次调研中，竞争压力主要表现为创业企业在市场中所面临的竞争对手数量；而创新资源主要表现为企业自身所拥有的产品与服务的新颖性与独特性（易朝辉等，2018）。通过分析影响创业企业创新活动的内外部因素，可以较为全面地把握创业企业创新活动的开展情况。

　　其次，基于企业家层面剖析在企业创新活动的开展过程中，创业者拥有的不同程度的创新经验与能力在企业商业模式创新的不同阶段所起的作用。 商业模式创新不仅指产品、服务、生产过程、分销渠道方面的创新，还包括交换机制和交易架构方面的创新（Amit et al.，2001）。 本章主要聚焦于创业企业在产品与服务方面的创新。 基于过程的商业模式创新包含启动、构思、整合及实施 4 个阶段（Frankenberger et al.，2013），因而本次调研以此为依据考察创业者在商业模式创新的不同阶段所呈现出的创新能力。 其中，创新经验主要表现为创业者的新项目开发经验；而创新能力主要表现为创业者的新项目开发与执行能力。 创新经验贯穿商业模式创新的全过程，而新项目开发能力体现在商业模式创新的构思阶段，新项目执行能力体现在商业模式创新的整合和实施阶段。

　　最后，基于企业层面对比分析初创企业与已有企业商业模式创新的演变过程，以此进一步了解初创企业与已有企业在产品与服务方面的创新情况，并从企业的创新绩效的角度考察企业创新成果的质量，由此最终形成完整的分析框架（如图 5-1 所示）。

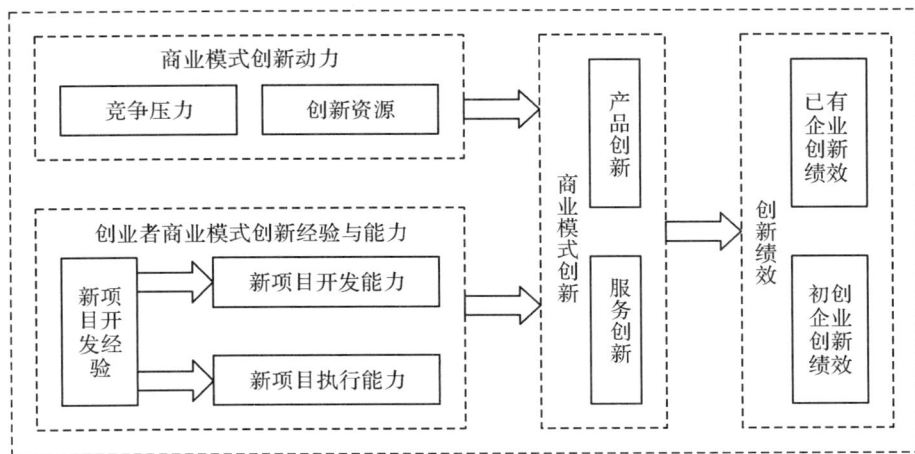

图 5-1　本章的研究框架

5.2 竞争压力与创新资源

5.2.1 企业面临的竞争压力

外部环境对于企业创新活动有着重要的影响。 其中，创业者面临的竞争压力通常会对企业创新活动起到正向的激励作用，因而为了在激烈的市场竞争环境中保持自身优势，企业必定会积极加速变革与创新（刘岩等，2014）。 本次调查采用初生创业者与已有创业者认知视角下的竞争对手数量来反映创业者所面临的竞争压力，具体如表 5-1 所示。

表 5-1   调查问卷（企业面临的竞争压力）

问题	内容
1G2/2G2	到目前为止，是有很多或者几家公司可以向您的潜在客户提供相同的产品或服务，还是一家也没有？

调查结果显示，在 545 名初生创业者中，约 1.83％ 的人认为企业当前没有竞争对手；而在 280 名已有创业者中，约 3.75％ 的人认为企业当前没有竞争对手（如图 5-2 所示）。 这表明这些企业可能拥有独特的异质资源，比如掌握了某一项核心技术，使得这些企业与行业内其他同类企业相比处于领先地位。 企业掌握核心技术往往由于企业在不断的演变过程中进行持续的创新活动，因而企业为了保持自身在当前市场的领导地位，更会积极地从事创新行为。

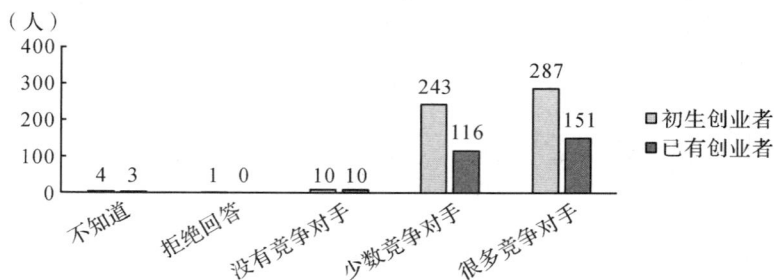

图 5-2   企业面临的竞争压力

　　然而大多数创业者都认为，企业在生产经营活动中有着较多的竞争对手，其中 52.66％的初生创业者和 53.93％的已有创业者认为企业所面临的竞争对手的数量不低于 10 个。 同样地，有 44.59％的初生创业者和 41.43％的已有创业者认为企业面临少数竞争对手，这些竞争对手的数量一般在 10 个以下。 这些企业通常表现为市场的追随者，企业为了不被市场淘汰而不断洞悉市场的潜在需求与现实需求，从生产经营的各个环节入手从事创新活动，以期能够在激烈的市场竞争中谋得一席之地。 总而言之，从图 5-2 可以看出，绝大多数创业企业都面临着不同程度的市场竞争，企业为了占有一定的市场份额而倾向于提供优质的产品与服务，而这有可能驱动企业从事创新活动。

5.2.2　企业拥有的创新资源

　　资源对于企业日常生产经营活动有着至关重要的作用，是企业正常运行的基础条件，而企业拥有的异质性创新资源可以帮助企业在创新活动的开展过程中形成先发优势（Barney，1991；Wernerfelt，1984），进而推动企业更加积极地产生创新行为。 本次调查基于初生创业者与已有创业者认知视角下的企业生产产品或服务所需的主要技术或工艺问世的时间来反映企业拥有的创新资源（见表 5-2）。

表 5-2　调查问卷(企业拥有的创新资源)

问题	内容
1G3/2G3	请问这个产品或服务所需的主要技术或工艺问世已经有不到 1 年的时间,还是 1—5 年,或者 5 年以上？

　　调查结果如图 5-3 所示，从中我们可以发现，无论是初生创业者还是已有创业者，他们的企业所拥有的创新资源在整体上呈现一个正态分布，即大多数初生创业者（56.51％）和已有创业者（49.64％）认为，企业生产产品与服务所需的生产技术或工艺手段较为新颖。 但是也有22.02％的初生创业者和38.21％的已有创

业者认为企业所使用的生产技术或工艺手段有些过时，并且仅
20.37％的初生创业者和 11.07％的已有创业者认为企业拥有较为
先进的生产技术或工艺手段。 由此可以看出，省内企业生产产品
与服务所能提供的生产技术或工艺手段有一定的新颖性，总体上企
业拥有足够的创新资源，但仍有提升空间。

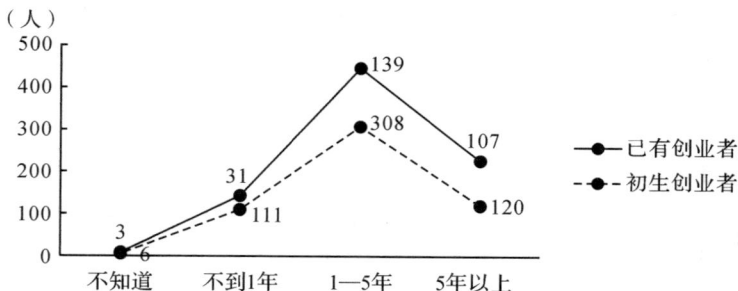

图 5-3　企业拥有的创新资源

　　为了进一步厘清企业拥有的创新资源的变化情况，将本次调查
与 2016 年的调查结果进行对比分析。 从图 5-4 中我们可以看出，
对于初生创业者而言，2018 年企业的生产技术与工艺手段的新颖
性有所下降，具体表现为企业生产产品与服务所需的主要技术与工
艺问世时间不到 1 年的占比从 30％[①]降到了 20.37％，而问世时间
在 1—5 年的占比由 44％上升到了 56.51％，并且问世时间在 5 年
以上的占比由 19％上升到 22.02％。 由此可以看出，初生创业者
企业生产产品或服务的技术与工艺新颖性有所下降。 企业想要提
供新颖或独特的产品在很大程度上依赖于企业所具有的优势资源，
包括先进技术、异质资源等。 更进一步地，问世时间越长的比例
有所提高，这可能是由于创新本身具有高难度、长周期的特性，企
业在较短时间内难以有突破性的成就。

---

　　① 2016 年的数据只保留了两位整数，并且只有百分比数字，没有具体的人数，因
此，撰写此处时为了与 2016 年的数据保持一致而保留 2 位整数，后同。

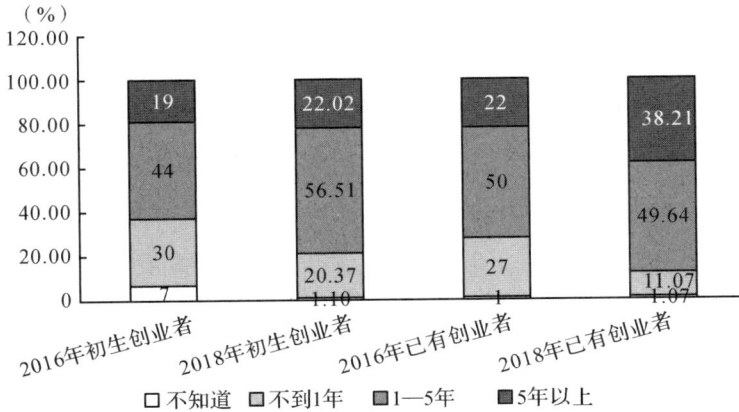

图 5-4　2016 年与 2018 年企业拥有的创新资源差异

如图 5-4 所示，对于已有创业者而言，企业的生产技术与工艺手段的新颖性也表现为下降趋势，主要体现在企业技术与工艺问世时间不到 1 年的占比由 27％下降至 11.07％，而问世时间超过 5 年的占比由 22％上升至 38.21％。由此可以看出，已有创业者企业生产产品与服务的技术与工艺的新颖性也有所下降。对于已有创业者而言，这可能是企业形成的路径依赖所导致的；也有可能是企业在面对沉没成本时，倾向于维持现状所致。总而言之，与 2016 年相比，浙江创业企业所生产的产品与服务的技术与工艺的新颖性整体上有下降趋势，由此推断出企业拥有的创新资源有所减少。

5.3　创业者创新经验与能力

企业创新能力是企业从事创新活动和构建持续竞争优势的关键因素（Teece，2007），而企业创新能力的高低很大程度上取决于创业者拥有的创新经验与能力，并且创业者拥有的创新经验与能力还可以决定创业企业的生产与发展（顾桥等，2004）。本次调查用创业者的新项目开发经验、开发能力与执行能力来衡量创业者的创新经验与能力（表 5-3、表 5-4、表 5-6）。

5.3.1　新项目开发经验

调查结果发现，除掉部分缺失数据或不符合填写条件的创业者后剩下的 516 名初生创业者中，在过去 3 年内，有参与过（含不知道的 2 人）新项目开发的初生创业者仅占总数的 16.28％，而在这 16.28％的初生创业者中，有 66.67％的初生创业者正在参与新项目的开发（见图 5-5）。从中可以看出，初生创业者大多是第一次从事创新创业活动，因此在总体上，这些初生创业者的新项目开发经验较为不足。但是拥有新项目开发经验的初生创业者更倾向于持续从事创新活动。

表 5-3　调查问卷（创业者新项目开发经验）

问题	内容
5EE3	在过去 3 年内,您是否参与过为您的雇主开发的新项目,比如开发新产品或新服务,开办新公司/新机构?
5EE4	您目前是否正在参与为您的雇主开发的新项目,如开发或开展新的产品或服务,或设立一个新的业务部门、一家新的机构或子公司?

同样地，除掉部分缺失数据或不符合填写条件的创业者后剩下的 262 名已有创业者中，在过去 3 年内，有参与过新项目开发的已有创业者仅占总数的 11.45％。而在这 11.45％的已有创业者中，有 76.67％的已有创业者正在参与新项目的开发。由此不难发现，无论是初生创业者或者是已有创业者，拥有新项目开发经验的人数都较少，大多数创业者都没有新项目开发的经验，而拥有新项目开发经验的已有创业者也更倾向于继续从事创新活动，并且这一比例高于初生创业者。

因此，为了更加清晰地了解这些创业者的新项目开发经验的变化状况，本调研将此次调查结果与 2016 年的调查结果进行对比分析。

（人）

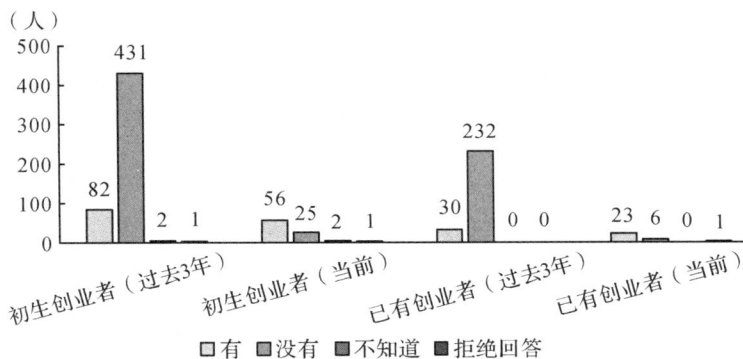

图 5-5　创业者新项目开发经验

从图 5-6 中可以看出，拥有新项目开发经验的初生创业者的比例从 2016 年的 23.60％下降至 15.87％，而拥有新项目开发经验的已有创业者比例从 29.91％下降至 11.45％；与此同时，在 2016 年当年正在从事新项目开发的初生创业者比例从 2016 年的 61.90％上升至 66.67％，而已有创业者比例从 63.00％上升至 76.67％。由此可以看出，较 2016 年，2018 年拥有新项目开发经验的创业者人数有所下降。尽管如此，2018 年的调查结果也发现，拥有新项目开发经验的创业者中，正在从事新项目开发的创业者占了多数，这表明过去参与过新项目开发的创业者从事新项目开发的可能性更高。与此同时，也可以看出，创业者创新经验的不足是影响创业者从事创新活动的一大制约因素。

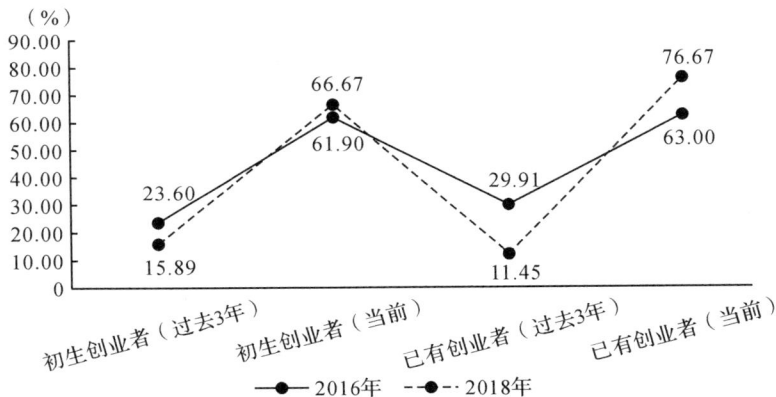

图 5-6　2016 年与 2018 年创业者新项目开发经验差异

5.3.2　新项目开发能力

随后，本调研开展了进一步的调查活动，以了解这些创业者的新项目开发能力（见表5-4）。

表 5-4　调查问卷（新项目概念开发阶段的参与情况）

问题	内容
5EE5	第一个阶段是对项目的概念开发，包括项目信息搜索、关于新项目进行的集体讨论和向管理人员提出自己的独创性意见。请问您在过去 3 年内，是否积极参与到上述阶段中？

调查结果发现，在拥有新项目开发经验的创业者中，有85.71％的初生创业者与86.67％的已有创业者在过去 3 年内积极参与到新项目的概念开发过程中，包括新项目信息搜索与讨论等，并且这些创业者还会积极发表自己的独创性意见（见图5-7）。 由此可以看出，这些拥有新项目开发经验的创业者拥有更高的新项目开发能力，并且企业为了能够提供更为优质的产品与服务而更有可能持续从事创新活动。

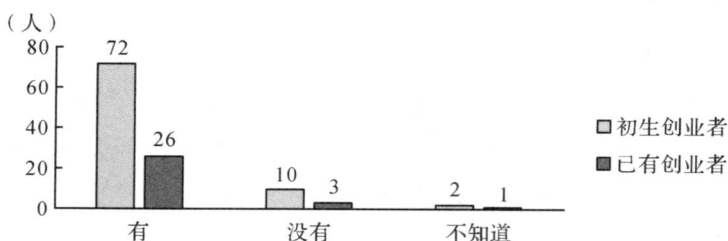

图 5-7　新项目概念开发阶段的参与情况

为了深入了解这些创业者在新项目开发过程中所起的作用，本次调研进一步调查了这些创业者在新项目概念开发过程中所起的作用，包括主导作用和辅助作用（见表5-5）。

表 5-5 调查问卷(创业者在新项目概念开发阶段的主导情况)

问题	内容
5EE5a	那么,请问您在这个阶段起到的是主导作用还是辅助作用?

调查结果发现,在积极发表自身独创性意见的创业者中,有 68.06% 的初生创业者与 84.62% 的已有创业者在新项目概念开发过程中起到主导作用,其中有 22.45% 的初生创业者与 22.73% 的已有创业者还起到了辅助作用(见图 5-8)。由此可以看出,创业者在新项目概念开发阶段更多的是起到主导作用,并且发挥主导作用的已有创业者比例显著高于发挥主导作用的初生创业者,而发挥辅助作用的已有创业者比例也高于发挥辅助作用的初生创业者。

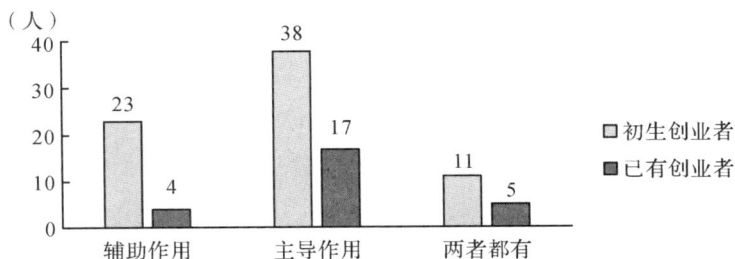

图 5-8 创业者在新项目概念开发阶段的主导情况

注:初生创业者中仅 72 人发表意见,已有创业者中仅有 26 人发表意见,即不发表意见者根据已有逻辑设置,不参与此问题的回答,所以图 5-8 的总人数为 72＋26＝98。

从图 5-8 中还可以看出,在新项目概念开发阶段,初生创业者更多的是起辅助作用,而已有创业者更多的是起主导作用,这一调查结果与 2016 年的调查结果基本一致。可能的原因是,初生创业者缺乏系统且全面的新项目开发经历,难以有效地把控新项目开发过程中可能发生的意外状况。

5.3.3 新项目执行能力

与新项目开发阶段有所不同的是,新项目执行阶段主要是将新项目开发时所提出的概念与想法落地实施,更加偏向于实践操作,强调如何实现；而新项目概念开发阶段的主要目的在于提出一个新的想法、思路、方向等，侧重于理论层面。 但是理论层面的设想与实践层面的操作往往有着一定的差别，甚至有着显著的区别。 因此，本次调研不仅要了解创业者的新项目开发能力，还试图了解创业者的新项目执行能力。 为此，本调研以创业者在新项目前期准备与执行阶段的参与情况来衡量创业者的新项目执行能力（见表5-6）。

表 5-6　调查问卷（创业者在新项目前期准备与执行阶段的参与情况）

问题	内容
5EE6	第二阶段是新项目的前期准备和执行阶段，包括概念推广、业务企划、市场推广、融资、组织工作团队等。请问您在过去 3 年内，是否积极参与到上述阶段中？

调查结果发现，在拥有新项目开发经验的创业者中，有88.10％的初生创业者与76.67％已有创业者在过去 3 年内积极参与到新项目的前期准备和执行过程中，包括项目概念推广、业务企划、市场推广等，具体如图 5-9 所示。 由此可以看出，这些拥有新项目开发经验的创业者更有可能继续从事创新活动，从而获得更高的新项目执行能力。 与此同时，对比初生创业者和已有创业者在新项目开发的不同阶段所起的作用可以发现，已有创业者更倾向于在新项目概念开发阶段发挥主导作用，往往是创业企业创意的发起者；而初生创业者倾向于在新项目前期准备与执行阶段发挥主导作用。 这可能是由于初生创业者与已有创业者相比，后者有着更多的新项目开发经验，而前者由于欠缺相关经验更容易成为新项目的执行者。

（人）

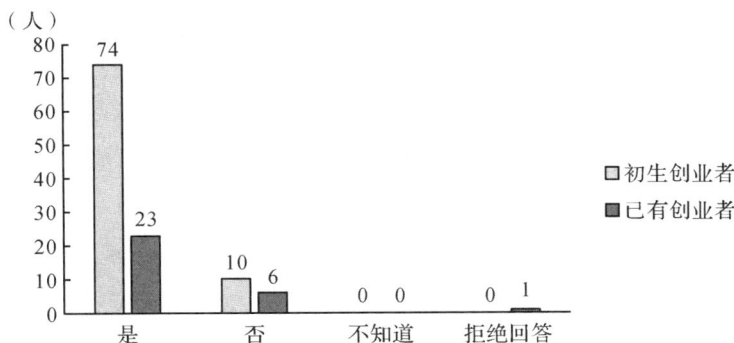

图 5-9　创业者在新项目前期准备与执行阶段的参与情况

　　为了进一步了解这些创业者在新项目前期准备和执行过程中所起的作用，本次调研进一步调查了这些创业者在新项目的前期准备和执行过程中所起的作用，包括主导作用和辅助作用，具体如表5-7所示。

表 5-7　调查问卷（创业者在新项目前期准备与执行阶段的主导情况）

问题	内容
5EE6a	那么，请问您在该阶段中起到的是主导作用还是辅助作用？

　　调查结果发现，在积极参与新项目前期准备和执行过程的创业者中，有 74.32％的初生创业者与 86.96％的已有创业者在新项目前期准备和执行过程中起到主导作用，其中有 18.18％的初生创业者与 20.00％的已有创业者还起到了辅助作用，如图 5-10 所示。由此可以看出，创业者在新项目前期准备和执行阶段更多的是起主导作用，这一趋势与新项目开发阶段保持一致。

（人）

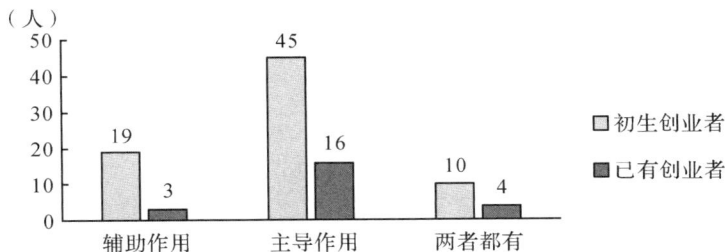

图 5-10　创业者在新项目前期准备与执行阶段的主导情况

同样地，拥有新项目开发经验的创业者在新项目前期准备和执行阶段通常起主导作用。然而相比于已有创业者而言，起主导作用的初生创业者的比例略低，这一点与新项目概念开发阶段基本相同。此外，起辅助作用的初生创业者比例依旧显著高于起辅助作用的已有创业者，这一点与新项目概念开发阶段仍保持一致。从中可以看出，在新项目前期准备与执行阶段，初生创业者虽然起到辅助作用的比例依旧较高，但与新项目概念开发阶段相比，已呈现下降趋势。更进一步地可以看出，在新项目前期准备与执行阶段，会有更多的创业者积极参与其中。这一调查结果与 2016 年的调查结果也基本一致。

5.3.4　新项目开创者分布

通过调研（见表 5-8）我们发现，若团队成员拥有新项目开发经验，包括新产品与新服务开发经验，可以有效增强创业团队的创新思维及提高创新能力；而创业领导者的项目开发能力可以影响企业产品与服务的创新效益。因此，需要进一步了解浙江创业者所在的创业团队开发新产品与新服务的分布情况，具体如图 5-11所示。

表 5-8　调查问卷（新项目开创者分布情况）

问题	内容
5EE7	请您想一下在过去 3 年内积极参与的为您的雇主开发的最重要的新项目情况；开创这个项目的是您本人，还是您的雇主，或是一位或多位同事？

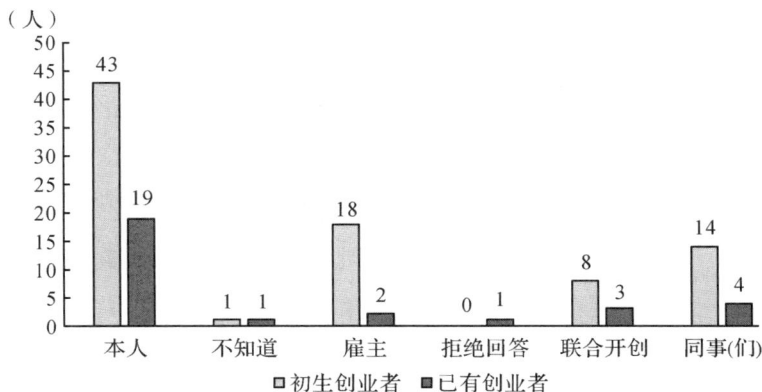

图 5-11　新项目开创者分布情况

在过去 3 年内，创业者通常是开发企业重要新项目的核心人物，这具体表现为拥有新项目开发经验的创业者中，有 51.19％的初生创业者和 63.33％的已有创业者是企业最重要的新项目的开创者。特别地，在初生创业者中，雇主与同事（们）也起到了十分重要的作用，分别占据了 21.43％与 16.67％的比重；而在已有创业者中，同事（们）与团队成员（联合开创）有着十分重要的地位，分别占据了 13.33％与 10.00％的比重。总而言之，创业者本身在重要新项目开创之初起着至关重要的作用，而团队中的雇主、同事所起的作用视创业者本身创业时间长短而定。

更进一步地，为了了解创业者所在创业团队成员在创业过程中所发挥的作用，我们深入调查了所有新项目开创之初，起到主导作用的成员的情况，问卷内容如表 5-9 所示。

表 5-9　调查问卷（新项目开创者的主导情况）

问题	内容
5EE7a	请问有多少人在新项目开发阶段起到或曾经起到主导作用？
5EE7b	请问您本人是否起到过主导作用？

剔除掉不符合条件的问卷（10 份）及缺失数据的问卷（1 份），在剩下的 77 名初生创业者和 26 名已有创业者所在的创业团

队中，新项目开发阶段起到或者曾经起到主导作用的人数各不相同
（见图 5-12），几乎所有的创业团队成员都在创业过程中发挥过一
定的作用，并且一个创业企业新项目的开发受到多位成员的协同
主导。

从图 5-12 中我们可以看出，在所有新项目开发阶段中，几乎
所有的新项目都表现为由多个人共同起到或者曾经起到主导作用，
并且同一个新项目起主导作用的人数从 1 至 50 人不等。 但在初生
创业者所在团队中，有 67.53％的创业企业在新项目开发阶段起到
或者曾经起到主导作用的人数不超过 5 人；而在已有创业者所在团
队中，在新项目开发阶段起到或者曾经起到主导作用的人数不超过
5 人的占比达 69.23％。 其中，无论是初生创业者所在团队，还是
已有创业者所在团队，起主导作用人数为 5 人的数量最多，分别占
比为 25.97％和 34.62％。 由此可以看出，以 5 人为一组的主导方
式更受这些创业者的青睐。 此外，一个新项目的诞生与发展，往
往是由多位团队成员协力主导，这可能是由于新项目开发的不同阶
段所需的资源与能力各不相同，而创业者与团队成员优势互补，在
新项目开发的不同阶段发挥各自优势，不断促进新项目的完善与
优化。

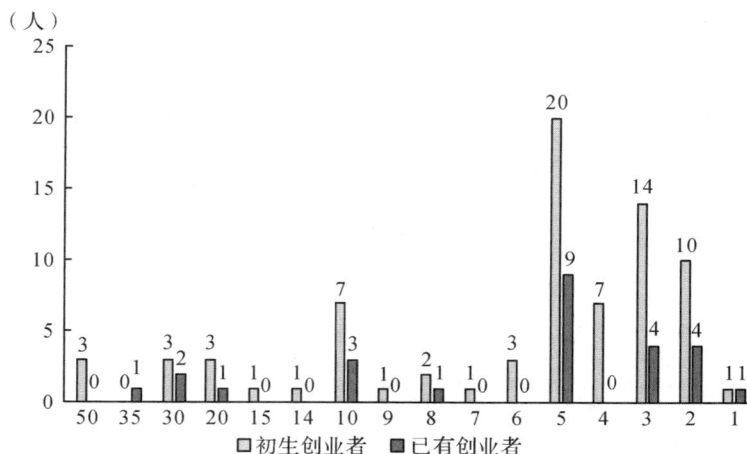

图 5-12 新项目开发阶段起到或者曾经起到主导作用的人数

　　为了更加清晰地了解创业者自身在所有新项目开创过程中所起的作用，我们进一步调查了这些受访者在所有新项目开创过程中的主导作用情况（如图 5-13 所示）。 调研结果显示，85.71％的初生创业者和86.67％的已有创业者在所有新项目开创过程中都起到过主导作用，由此可以看出创业者对于新项目的开创有着中流砥柱的作用。

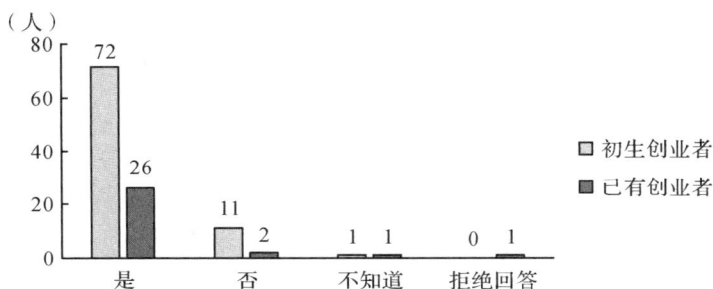

图 5-13　受访者新项目开创过程中的主导情况

5.4　企业商业模式创新情况

5.4.1　企业商业模式创新整体概况

　　商业模式创新作为企业创新活动的重要组成部分，已经成为企业获取竞争优势的重要通道，并且在信息化与工业化深度融合、信息技术快速迭代的背景下，商业模式创新有利于企业对自身创新资源进行重新配置与合理规划，并且从中获得更多利益（George et al.，2011）。 与此同时，商业模式的创新还可以将企业产生的创意、研发的新兴技术商业化，从而让企业输出更好的创新产品与服务（Chesbrough，2010），进而提升企业价值。 因此，本次调研深入了解了创业者是如何看待企业自身的商业模式，以及企业商业模式是如何演变发展的（如表 5-10 至表 5-12 所示）；更进一步地，本次调研还了解了创业企业的创新成果，从企业产品与服务的新颖性与独特性方面衡量企业的创新绩效，如表 5-13 所示。

表 5-10　调查问卷(创业者商业模式创新方式概况)

问题	内容
1VD1/2VD1	我们常常采取实验的方式来尝试各种想法和商业模式

　　剔除 2 份初生创业者的数据缺失问卷后，我们对剩下的 543 份初生创业者数据与 280 份已有创业者数据进行剖析发现：有 67.96％的初生创业者和 62.86％的已有创业者认为企业经常采用实验的方式来尝试各种想法和商业模式，仅 3.13％的初生创业者与 3.21％的已有创业者不是十分同意（见图 5-14）。 因此可以看出，大多数创业企业都会积极从事商业模式创新活动，并且通过各种试错的方式来对企业的各种想法进行实验，以期从中发现适合企业生产经营所需的商业模式。

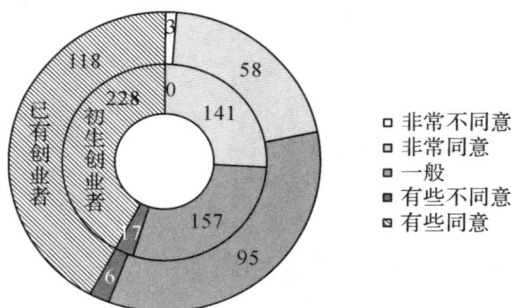

图 5-14　创业者商业模式创新方式概况

　　企业创新活动往往是一个持续的过程，并且企业的创新活动通常不会是短暂的、临时的。 因而为了深入了解创业企业在从事商业模式创新过程中能否持续，本调研进一步调查了创业者持续从事商业模式创新的情况（如表 5-11 所示）。

表 5-11　调查问卷(创业者商业模式创新持续性情况)

问题	内容
问题 1VD3/2VD3	我们会尝试不同的商业模式直到找到最适合本企业的商业模式

在剔除了 3 份初生创业者的数据缺失问卷后，我们对剩下的数据进行剖析发现，70.30％的初生创业者和 65.71％的已有创业者认为企业会经常尝试不同的商业模式直至找到最适合自身生存发展的商业模式；而仅 3.32％的初生创业者和 2.86％的已有创业者不是十分同意（见图 5-15）。 此外，尽管有 26.19％的初生创业者和 30.36％的已有创业者对此表示中立，但总体上与从事商业模式创新活动的结果保持一致。 因此可以看出，大多数创业企业不仅会积极从事，更会持续从事商业模式创新活动。

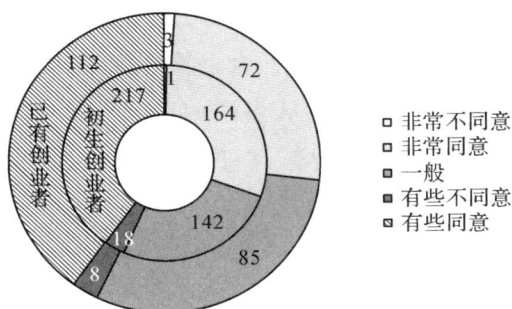

图 5-15 创业者商业模式创新持续性情况

5.4.2 企业产品与服务创新

此外，为了了解创业企业在从事商业模式创新活动之后所采用的商业模式与创业企业早期既定的商业模式的差异性，本次调研深入询问了创业者所在企业的现有产品与服务和最初的规划保持一致的情况（见表 5-12），以期了解创业企业商业模式创新前后的变化状态。

表 5-12 调查问卷(创业者所在企业的产品与服务的异质性情况)

问题	内容
1VD4/2VD4	我们现有的产品和服务与最初的规划有着显著的区别

同样地，在剔除了 3 份初生创业者的数据缺失问卷后，我们对

剩下的数据进行剖析发现，58.49％的初生创业者和52.14％的已有创业者认为企业现有的产品和服务与最初的规划有着显著的区别；而仅有7.38％的初生创业者和6.43％的已有创业者不是十分同意（见图5-16），因此可以看出大多数创业者倾向于不断优化与完善企业的商业模式。

此外，尽管有32.29％的初生创业者和39.29％的已有创业者企业对此表示中立，但总体上可以发现，企业会积极从事商业模式创新活动，从而发现适合企业长远发展的商业模式，并且随着创新活动的持续进行，企业现有的商业模式会与早期既定的商业模式存在一定的差异。因此可以看出，大多数创业企业不仅会积极从事商业模式创新活动，也会持续从事商业模式创新活动，由此发现最适合企业发展的商业模式，尽管这种商业模式会在很大程度上偏离企业创立之初所设定的商业模式。

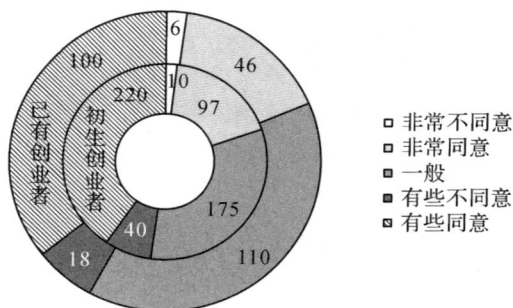

图5-16　创业者所在企业的产品与服务的异质性情况

总而言之，无论是初生创业者还是已有创业者，他们所在的企业都会积极从事商业模式的创新活动，并且这种创新活动往往是持续性的。企业商业模式创新后，大多数创业企业的商业模式都与企业成立之初所规划的商业模式有着较大的差异，这既是企业商业模式创新成果的一种表现，也是企业适应市场发展需求的体现。

5.4.3　企业创新绩效

创新可以为企业带来卓越成果，并且高质量的创新活动可以有效提升企业的经营绩效，尤其是创新绩效（徐建中等，2018），因而多数学者用企业创新绩效来衡量企业的创新成果。我们更进一步地发现，企业创新产品与服务最终都是为了满足消费者的需求，只有消费者认为企业的创新成果是新颖或者独特的，企业的创新才是成功的，因此本次调查用潜在客户对企业创新产品与服务新颖性和独特性的评价来衡量企业创新绩效（见表 5-13）。

表 5-13　调查问卷（潜在客户对产品或服务新颖性与独特性的认识）

问题	内容
1G1/2G3	在潜在客户当中,是所有人、部分人还是根本没有人认为该产品或服务具有新颖性和独特性?

调研结果显示，只有 28.07％的初生创业者和 25.71％的已有创业者认为他们为客户提供的产品与服务是全新的；而绝大多数创业者，包括 64.40％的初生创业者和 64.64％的已有创业者认为他们为客户提供的产品与服务具有新颖性和独特性；只有 5.14％的初生创业者和 6.07％的已有创业者认为他们为客户提供的产品与服务缺乏新颖性（见图 5-17）。由此可知，大多数创业企业都有着新颖或独特的产品与服务，这些产品与服务为创业企业立足市场打下了坚实的基础。

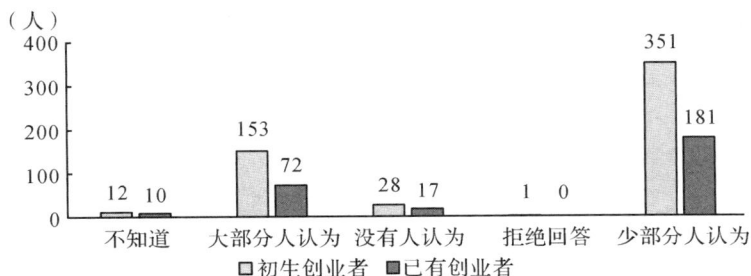

图 5-17　潜在客户对产品或服务新颖性与独特性的认识

总体而言，这些创业企业都具有提供新颖与独特产品和服务的潜力与能力，并且能够满足消费者对于创新产品和服务的需求，但这些具有新颖性和独特性的产品和服务仍有一定的提升空间。

5.5　结论与展望

根据对浙江创业企业中的创新情况的分析，我们得出以下 5 点结论。

第一，省内近半数创业企业认为自身的产品与服务较为新颖，并且有少数创业企业认为自身的产品与服务较为前沿。 与此同时，也有超过半数的创业企业认为企业面临的竞争对手较多，有较多的竞争压力。 因而为了获得竞争优势，占有一定的市场份额，创业企业就必须积极从事创新活动。

第二，创新资源作为企业实现创新活动的关键要素，可以有效促进企业产出高质量的创新产品。 从以上分析来看，省内超过半数的创业企业表示他们拥有较为新颖的创新资源，这些创新资源可以有效地支持企业从事创新活动。 更有少数企业认为自身拥有的创新资源较为稀有，可以让企业在激烈的竞争中获得竞争优势，这可能是与创业企业所处环境有关，比如当地政府给予创业企业不同程度的扶持等。

第三，省内大多数创业者的创新经验明显不足，这主要表现为创业者在新项目开发经验上呈现出明显的弱势，这可用于解释为什么当前创业者未能积极从事新项目开发的现象；同时也发现，拥有创新经验的创业者更倾向于继续从事创新活动。 当然，创业者新项目开发经验的不足也可用于解释为什么在新项目开发阶段，拥有新项目开发经验的创业者比不具有新项目开发经验的创业者更有热情从事创新活动。

第四，绝大多数拥有新项目开发经验的创业者都具有较高的新项目开发能力与执行能力，并且在新项目的开发过程中，创业者更多的是起着主导作用。 这一现象在已有创业者中更为明显，这有可能是初生创业者缺乏新项目开发经验，由此导致这些创业者缺少有关新项目的锤炼。 更进一步地，在创业企业中，创业者在一个新项目的开创过程中起着中流砥柱的作用，这一现象在那些重要的、含金量高的新项目中表现得更为明显。

第五，无论是初生创业者，还是已有创业者，都会积极从事商业模式的创新活动，并且创新程度会随着商业环境的快速变化而变化。 创业企业积极尝试各种可能适合于企业发展的商业模式，往往导致企业现有的商业模式与企业创立之初设定的商业模式有较大的差别，这也间接反映出企业从事商业模式创新的实际状况。

总而言之，省内创业者的创新水平还处于中等程度，仅有少数创业者所在企业拥有较为新颖和独特的产品与服务，因此对于省内创业者而言，仍有较大的提升空间。 同时，在未来的调研中，可以尝试通过对创业企业不同方面度量企业创新活动的开展状况，比如专利申请情况、企业研发活动现状等等。 当然也可以对本次调研所发现的结果进行深层次的分析，从调研的结果出发寻找问题，并通过下一次调研尝试解决，从而更好地发现创业者在创业过程中的创新活动状况。

第 6 章 浙江创业中的社会网络

正如 Mitton（1989）所指出的那样：成功的创业不仅依赖于"你是谁"（who you are），更依赖于"你认识谁"（who you know）。"你认识谁"意味着你跟他人之间存在着一定的社会关系，这些社会关系是企业获取维持自身生存并且发展的资源基础。任何一个个体，或是一家企业，一旦脱离了社会网络，就必然被淘汰。尤其是对创业企业而言，它们缺乏成熟企业拥有的资源优势，它们具有资源有限、生存率低等特性（陈熹等，2015）。此时，社会网络在新创企业的创业活动中便发挥着重要的作用（Davidsson et al.，2003）。创业者利用社会网络，能促进企业快速地识别市场机会，并获取资金、市场、信息和情感等资源，以弥补劣势，助力企业走出生存困境并获得竞争优势。

6.1 分析思路

社会网络近年来已经引起了国内外学者的广泛关注，因为无论是对成熟企业还是新创企业而言，社会网络对其成长和发展都具有十分重要的意义（Davidsson et al.，2003）。通常，我们将创业者的个人网络及创业企业在发展过程中所形成的网络统称为创业网络。具体来说，创业网络是创业者所拥有的社会网络在创业活动中的嵌入，也是创业企业与其他个人及组织间的关系集合，它包含行动主体、关系和连接这 3 个要素（Larson，1992；Larson et al.，1993）。

已有研究发现，创业网络对于新创企业而言，在资源获取、市场机会发现、合法性获得、企业绩效等发面发挥着重要的作用（Bratkovic et al.，2009；Zhao et al.，1995）。

　　鉴于创业网络对新创企业生存发展的重要性，本章将围绕内部创业网络和外部创业网络对浙江创业企业中的创业网络状况进行研究和分析。此外，本书还将对当前的调查结果与 2016 年的研究结果进行对比分析，进一步探讨浙江创业网络的整体情况。

6.2　内部创业网络

6.2.1　管理者所有权

　　内部创业网络是指，创业者团队内部及创业企业内部所形成的社会网络。企业的管理者所有权情况不仅能体现内部创业网络的规模，在一定程度上也能体现内部网络的网络异质性大小。因为创业者在进行创业活动之前，通常会根据自身所拥有的知识、资金、信息等资源与意愿合作者所能带来的资源进行对比，以此来权衡是否值得与其合伙创业。只有当意愿合作者拥有创业者所欠缺的资源时，创业者才可能与其合伙创业；否则，创业者会选择进行个人创业。本书对浙江创业者的企业所有权情况进行了调查分析，具体如表 6-1、图 6-1 所示。

表 6-1　调查问卷（企业所有权情况）

问题	内容
1D1/2D1	对于创办的企业或生意,您个人是完全拥有还是部分拥有,或者没有所有权?

　　根据图 6-1，在所有被调查的初生创业者中，高达 85.58％的创业者部分拥有企业所有权，仅 14.42％的初生创业者完全拥有企业所有权；而对于已有创业者而言，82.97％的创业者部分拥有企业

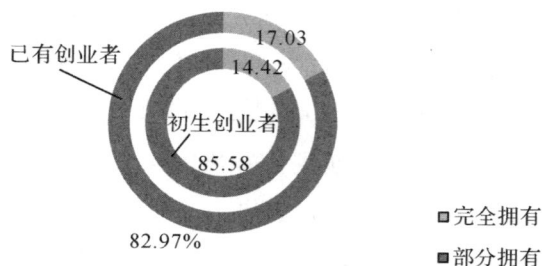

图 6-1 企业所有权情况

所有权，17.03％的创业者完全拥有企业所有权。 可见，不论是初生创业者还是已有创业者，他们都更倾向于选择与他人合伙创业。合伙创业不仅能够有效减小创业风险，合伙人的社会网络也能为企业带来许多异质性资源，更容易领导企业走出生存危机并获得竞争优势。 而且，在创业初始，合伙创业在很大程度上能避免企业在早期运营过程中极易出现的资金问题，从而保证创业活动的顺利进行。

本书将这一数据和 2016 年的调查情况进行了对比后发现，2016 年的初生创业者中仅有 68％的创业者部分拥有企业所有权，67％的已有创业者部分拥有企业所有权。 由此可见，和 2016 年相比，不论是初生创业者还是已有创业者，大家都越发倾向于选择与他人合伙创业。 这很可能是因为市场竞争的日益激烈，尤其是在党和政府提出"大众创业、万众创新"的口号之后，各个行业都涌进了大批创业者，独自创业成功的概率大大降低。

此外，本书还对初生创业者和已有创业者所在的创业企业所有权的拥有人数进行了调查分析，具体情况和结果如表 6-2、图 6-2及图 6-3 所示。

表 6-2　调查问卷(创业企业所有权拥有者人数)

问题	内容
1D2/2D2	多少人(包括您自己)会同时拥有并管理这家新企业或这项生意?人数 _____ (记录确切数字,范围是 2—1000。答案不能是不确定的区间值。如果被访者不确定,鼓励说出最接近的数值)

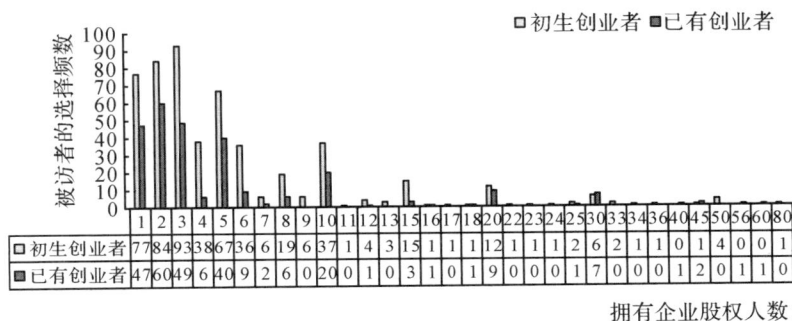

图 6-2　拥有创业企业所有权的人数

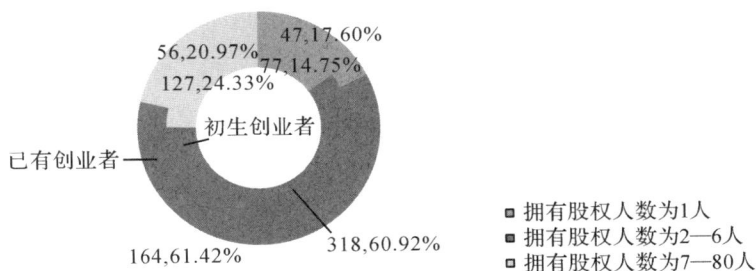

图 6-3　创业企业所有权占比情况

　　在初生创业者中,有 14.75%(77 人)的创业者完全拥有企业所有权;在已有创业者中,17.60%(47 人)的创业者完全拥有企业所有权。 而且,不论是初生创业者还是已有创业者,2—6 人的小团队共同拥有企业所有权的占比最大,都约为 61%。 从这可以看出,尽管创业者们都愿意合伙创业,但都更倾向于选择小规模的创业团队。 小规模的创业团队有利于企业管理决策的制定,这类企业通常也拥有更好的敏捷性,能够对外界环境的变化快速做出反应。

6.2.2 创业员工团队

创业早期团队的构成不仅是网络异质性的体现，也是人际关系的体现。在创业初期，创始人通常会雇佣那些具备创始人团队中所缺少的能力与资源的员工，以保持团队的异质性，实现与创始人团队的互补。但在创业早期，由于存在极大的风险和不确定性因素，很少会有一流的工作人员愿意辞掉原来稳定的工作而加入创业团队中。因此，创始人团队往往会依靠其个人网络，凭借已有的人际关系去邀请出色的人员加入。拥有异质且出色的人力资源也是创业成功的重要因素之一。

而在创业企业的成长期，员工团队不仅是网络异质性的体现，更是网络规模的体现。只有具备一定的员工规模和优秀员工，企业才能持续地成长和发展。本书对创业团队早期的员工团队规模和当前的员工团队规模进行了调查分析，具体情况和结果如表 6-3、图 6-4 和图 6-5 所示。

表 6-3　调查问卷 (创业早期员工团队规模)

问题	内容
1HZB/2HZB	在创办之初,除了股东之外,有多少人在为这个企业或这项生意工作?
1H1 /2H1	到目前为止,除了股东之外,有多少人正在为这个筹划中的企业或生意工作?

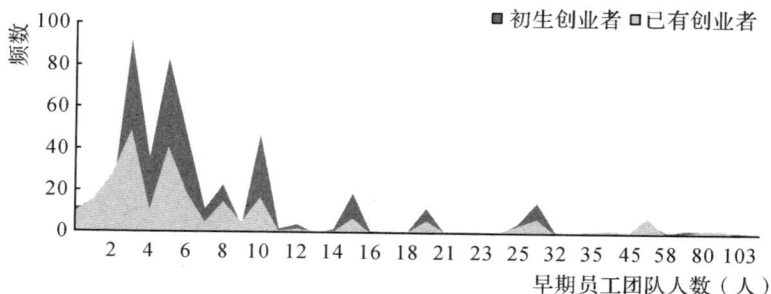

图 6-4　创业初期企业的员工团队人数

由图 6-4 可知，对于初生创业者和已有创业者的创业企业来说，早期的员工团队人数主要都在 0—10 人之间，只有极少部分企业的早期员工人数多于 10 人。 不难理解，在企业刚创业时期，资金通常是企业面临的最严峻的考验之一。 企业往往会雇佣较少的、恰好能维持企业正常运转的少量员工，以达到降低人力成本的目的。 但这些早期员工通常需要身兼多职，才足以保证业务的正常进行。

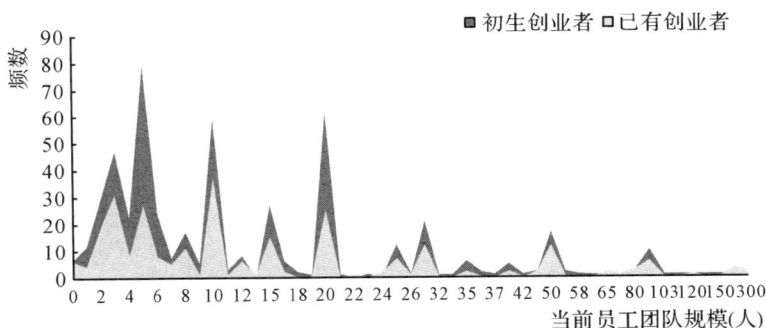

图 6-5 当前创业企业员工的团队人数

图 6-5 表示的是创业企业在当前的员工团队规模。 可以看出，初生创业者和已有创业者的创业企业的当前员工人数主要集中在 0—20 人。 而在企业刚创立时，大部分企业的员工数都小于 10 人。 可见，在创业企业度过生存危机后，企业必须增加员工团队的人数和异质性。 员工的网络规模越大，就越有利于企业获取到多样化的信息资源（Liao et al.，2005；谢雅萍等，2014）。 而且，规模大的网络，不仅意味着资源获取的数量更多，还意味着所能获取的资源的质量会更高（周雄国，2017）。

此外，本书还对创业企业成立 3 周年时的员工团队规模的变化进行了调查分析，具体情况和结果如表 6-4 及图 6-6 所示。 对于初生创业者的企业（新创企业运营时间少于 3 个月）而言，大部分（69.90%）初生创业者认为创业企业在成立 3 周年时，企业的员工团队将发展至 20—50 人。 这说明在创业企业接下来近 2 年的时间里，随着企业进入成长期，企业将进行"扩员"，扩大员工团队的规模和异质性，从而与原有员工形成资源、能力等方面的互补，进而促进企业绩效的提升。 而且，团队规模的扩大也能保证企业有足够数量的员工来与工作岗位相匹配。 对于已有创业者的企业（新创企业运营时间多于 42 个月）来说，大部分（50.80%）的创业者指出，在 3 周年时，企业的员工人数会处于不足 20 人的规模，和当前员工规模没有显著变化。 这可能是因为在 3 周年的时候，企业就早已经进入了成长期，甚至处在了稳定期，因此 3 周年时的团队规模和当前的不会有明显的不同。 但仍有 31.00% 的已有创业者指出，其企业在 3 周年时的团队规模在 20—50 人之间，甚至多于当前的团队人数。 这可能是因为 3 周年时企业处在成长期，业务发展很快，需要较多的人力资源与业务相匹配。

表 6-4　调查问卷（3 周年时创业企业员工团队规模）

问题	内容
1H2/2H2	从现在起,到这家企业成立 3 周年之际,除了股东之外,有多少人将为公司工作?

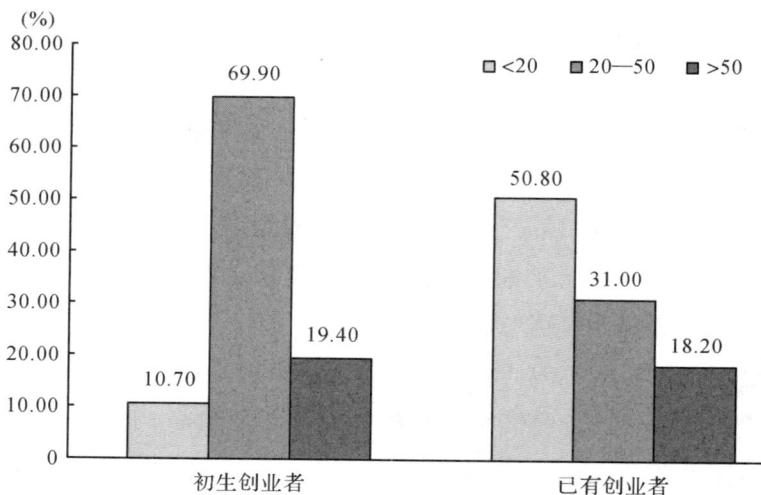

图 6-6　3 周年时员工团队规模

注：20—50 人为大于等于 20 人小于等于 50 人。

6.3 外部创业网络

外部创业网络指的是，创业者或创业企业在进行创业活动的过程中，与其他个人、企业或第三方机构等与创业企业有商业活动来往的主体所构建起来的网络。 外部创业网络为创业企业提供的市场知识与信息、财务资本及各种商业渠道等，有助于创业企业建立企业合法性，促进创新实施，从而构建竞争优势（Zhao et al.，1995）。 外部创业网络通常能体现为企业与企业合作、企业与个人合作及个人与个人合作，这些合作关系也直接影响到创业企业的成长与发展。 通常，那些与外界关系越好、合作越紧密的企业，往往能比其他企业拥有更好的绩效表现，通常也发展得更快、更好（Lans et al.，2015）。 在本节中，笔者将从企业与企业、企业与个人、个人与个人之间的合作关系来分析创业企业的外部创业网络。

6.3.1 企业与企业间的合作

从创业网络的结构特征来看，企业与企业之间合作的紧密程度是网络强度的表现。 合作越紧密，说明网络强度越强。 任何一个企业都无法避免与其他企业的合作，尤其是对创业企业而言，与其他企业进行合作有利于企业获取那些稀缺性资源，并有利于对市场机会的识别，加速企业的成长与合法性的获得（Zimmerman et al.，2002）。 本书对创业企业与外界的合作情况进行的调查分析，具体情况与结果如表 6-5、图 6-7 所示。

表 6-5 调查问卷（创业企业与外界的合作关系）

问题	内容
1VC2/2VC2	我们通过与外界紧密合作的方式拓宽企业的发展空间

由图 6-7 可以看出，不论是初生创业者所在的创业企业，还是

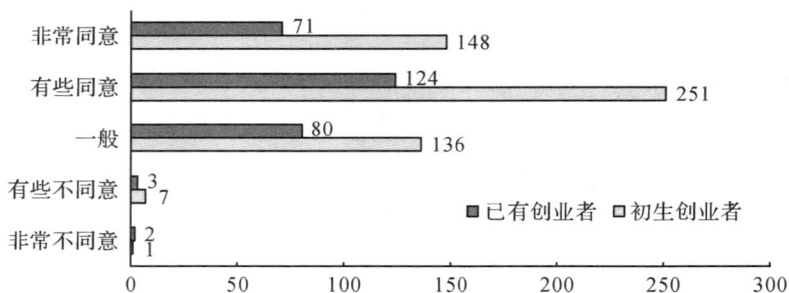

图 6-7　创业企业与外界合作紧密

已有创业者所在的创业企业，它们大部分都通过与外界紧密合作的方式拓宽企业的发展空间。 只有极少部分企业不同意其企业通过与外界紧密合作的方式拓宽企业的发展空间。 通过与其他企业建立紧密的合作关系，创业企业能更快地熟悉所在行业。 商业上的合作关系也有助于创业企业降低经营成本。 而且，创业企业在创业早期缺少关键性资源，很难有效地开展业务活动，通过与外界的合作，有助于其获取互补性资源，从而提高企业的经营效率。

在调查中，我们也对创业企业的外地客户销售额比例进行了调查分析，具体情况和结果如表 6-6、图 6-8 所示。 创业企业的外地客户销售额比例在一定程度上也能体现创业企业的网络规模和商业关系。 通常创业企业的网络规模越大，商业关系越好，外地销售额比例也就越高。

表 6-6　问卷调查(外地客户销售额占比)

问题	内容
1G4/2G4	请问您的客户当中,外地客户销售额的比例是多少?

从图 6-8 可知，不管是对初生创业者还是已有创业者来说，大部分（约 82.30％的初生创业者、约 86.76％的已有创业者）表示：其所在的创业企业的外地客户销售额占比都不到 10％[①]，只有

———————————

①　从图 6-8 的纵坐标来看,因为涉及初生创业者与已有创业者,不便精确表示。因此,选择一个可基本反映现状的比例 10％来证明。

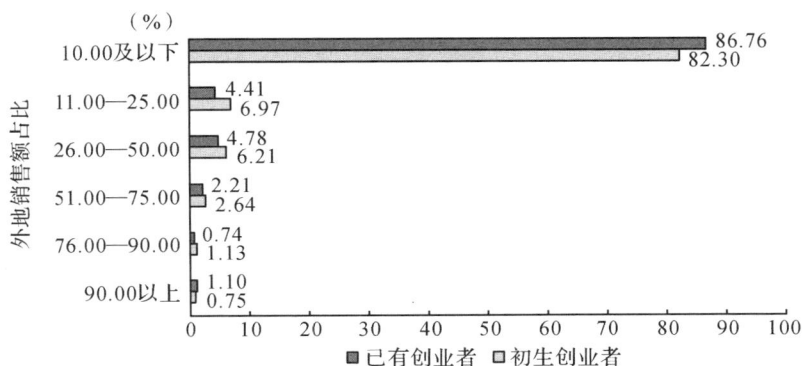

图 6-8 创业企业的外地客户销售额比例

极少数的创业企业的外地客户销售额比例高于 10%。 造成上述结果的主要原因可能是创业企业在创立初期还没有能力对外地市场进行开拓。 创业企业在早期受到各类资源如资金、信息、人员等的限制，它们的首要任务是充分利用这些有限的资源尽快走出生存困境，而不是盲目地开拓外地市场。 而创业企业要走出生存困境，最明智的选择就是先在当地市场稳住脚，等企业度过生存困境进入成长期后，再进一步去发掘外地市场。

6.3.2 企业与个人的合作

企业与个人的合作不仅是社会特征中的人际关系、商业关系及机构关系的体现，也是关系特征中信任程度的体现。 通常，创业者在创业活动中，会向那些关系较好、较为信任的人寻求建议或帮助，以此激发创业者自身的思想（Cope，2003），并不断将交流过程中的各种信息内化为其自身的知识和技能（谢雅萍等，2014）。 为了分析哪些对象会在创业者的创业活动中为他们提供建议，本书对该问题也进行了调查。 调查所用的问卷题目如表 6-7 所示，为创业者提供建议的对象如表 6-8 所示。

表 6-7　调查问卷（创业者开创新企业的建议来源）

问题	内容
1T	不同的人会给您的新企业或生意提出建议,您是否已经收到来自下列对象提出的建议
2T	各种人可能为您提供过业务建议,去年您是否获得来自下列对象的建议?
3T	很多人可能在您开创新的企业或生意时向您提建议,您是否获得来自以下对象的建议?

表 6-8　调查问卷（供初生创业者/已有创业者/潜在创业者选择的建议来源）

对象	对象
a. 您的配偶	k. 研究人员或发明家
b. 您的父母	l. 潜在的投资者
c. 其他家庭成员	m. 银行
d. 朋友	n. 律师
e. 现在的工作同事	o. 会计师
f. 现在的老板	p. 咨询服务公司的人
g. 正在其他国家的人	q. 您合作的公司的人
h. 来自海外的人	r. 您竞争的公司的人
i. 正开始做企业/生意的人	s. 供应商
j. 有着许多开创新的企业或生意经验的人	t. 顾客

　　从图 6-9 可以看出，不论是对于初生创业者、已有创业者，还是那些潜在或中止创业者，朋友总是能给予他们最多的建议。除了朋友之外，他们还总是能从父母、配偶及现在的工作同事处获取较多的建议。这是因为在现实生活中，朋友往往是对我们了解最深的人，他们能更多地提出和我们的观点及想法相切合的建议。而父母和配偶是最能给予创业者财力、物力和精神支持的人（Hite et al.，2001），他们总是会提出最诚恳的建议。现在的工作同事可能是创业者身边对当前行业环境和企业状况最熟悉的人，他们提出的建议往往最贴近实际情况。除了这几类群体之外，如您竞争的公司的人、会计师、正在其他国家的人和律师等群体很少能给予创

业者建议。 不难理解，您竞争的企业与创业企业存在利益竞争，它们不太可能为创业者提供建议。 而其他类别的人群与创业者的交集较少，他们与创业者的人际关系通常较为一般。 因此，创业者也较难从这些群体处获得建议。 总的来说，给予创业者较多建议的往往是创业者人际网络中的如配偶、父母、亲戚、朋友这类人，那些关系强度较弱的群体通常为创业者提供的建议也比较有限。 这个调查结果与 2016 年的分析结果没有显著差异。

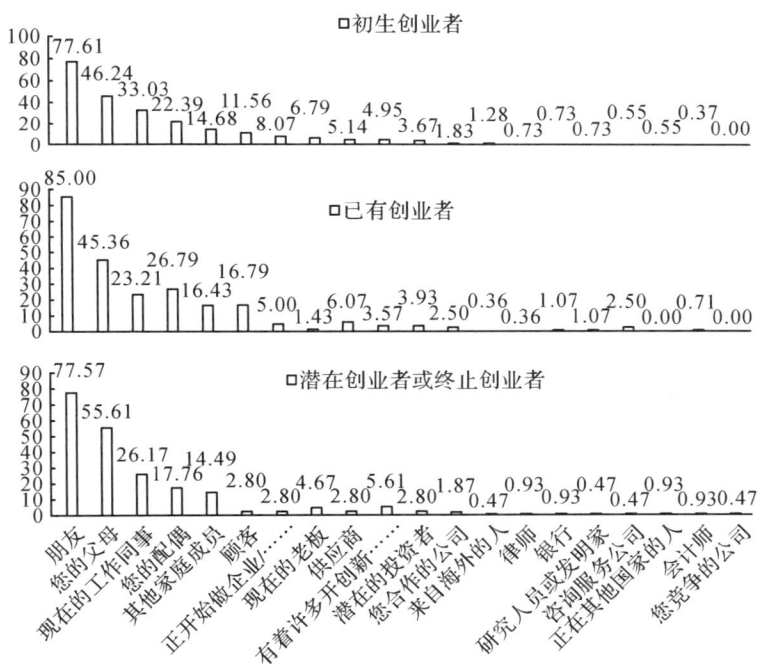

图 6-9 创业者开创新企业或生意的建议来源

此外，本书还对创业企业与其他企业及个人合作的整体情况进行了调查。 从网络的社会特征来看，企业与企业之间的合作体现了社会网络中的商业关系，企业与个人之间的合作体现了社会网络中的人际关系、商业关系。 网络关系越好的企业，就越可能与外部企业或个人进行合作，甚至结成战略联盟，实现共同发展。 而且，一个企业的商业合作关系越多，与其他企业及个人之间的关系越好，就越难被市场淘汰。 对此，本书还调查了创业企业对与其他企业及个人合作的重视程度，具体如表 6-9、图 6-10 所示。

表 6-9　问卷调查(创业企业对外界合作的重视程度)

问题	内容
1VC4/2VC4	我们很重视与其他企业及个人建立良好的合作关系

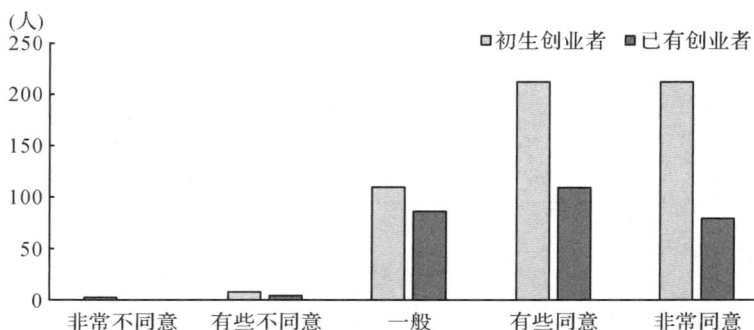

图 6-10　创业企业对商业关系的重视程度

从调查结果可以看出，不管是初生创业者还是已有创业者，他们所属的企业都比较重视与其他企业及个人的关系的建立，只有很少部分的创业企业不重视与其他企业及个人关系的建立。 良好的商业及人际关系是创业企业获取外部资源的最优选择，也是企业获取生存和成长所需资源的关键途径(朱秀梅等，2011)。 如创业企业与上游供应商企业之间拥有良好关系，创业企业就更能获得价格相对低的原材料或"赊销"的便利，以缓解创业企业早期资金紧张的问题。

6.3.3　个人与个人的合作

个人与个人之间的合作既体现了创业网络社会特征中的人际关系与商业关系，也是关系特征中信任程度的重要体现。 通常，创业者会选择那些和他们关系较好、彼此之间信任程度较高的个体进行合作。 浙江经济位居全国前列，创业或民间投资是浙江最常见的社会合作形式之一。 为了分析个人与个人之间的合作情况，本书对个人利用闲散资金或创业的情况进行了调查，调查问题如表 6-10 所示，调查结果如图 6-11 所示。

表 6-10　调查问卷（受访者创业情况）

问题	内容
3A	近 3 年内,您(个人或与他人合伙)是否有开创新企业或生意的打算?

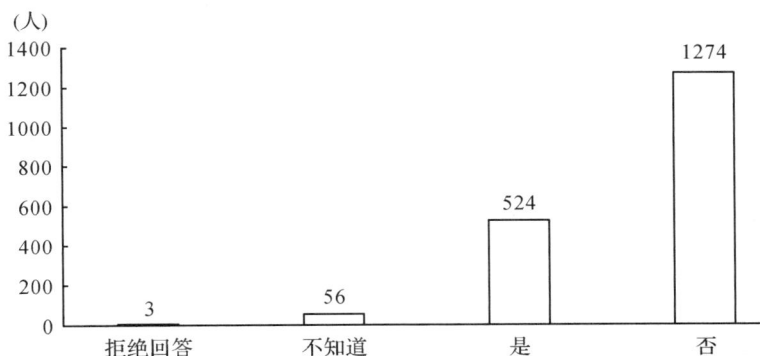

图 6-11　个人或与他人合作创业的情况

根据图 6-11 显示，在问及近 3 年内个人（或与他人合作）是否会进行创业的问题时，高达 524 名（约 28.22％）受访者表示会。通常，个人独自创业往往或因为能力、精力、资源等有限，导致创业失败。 因此，大多数创业者会选择与他人合作的方式创业。 合作创业的方式，不仅降低了创业失败的可能性，也降低了创业者个人所需承担的创业风险。

此外，本书还进一步调查了过去 3 年中个人的投资情况，调查问题如表 6-11 所示，调查结果如图 6-12 与图 6-13 所示。

表 6-11　调查问卷（个人投资情况）

问题	内容
4A	在过去 3 年中,您个人是否投资了他人创立的新业务(不包括购买股票或共同基金)?

问题	内容
4B	在过去 3 年中,您个人投资他人创立的新公司的总金额大约是多少(不包括股票交易或共同基金)?

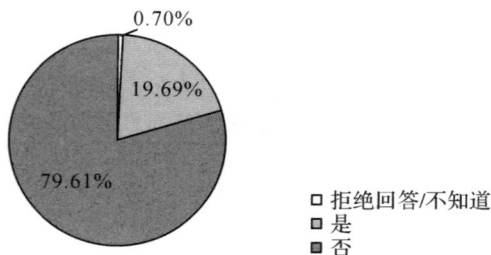

图 6-12　过去 3 年内个人的投资情况

如图 6-12 所示,大部分(79.61%)受访者表示不会对他人创立的新业务进行投资,仅有 19.69%的受访者表示过去 3 年内对他人创立的企业进行过投资,这和 2016 年的调查结果没有明显差别。 本书对其中的原因进行了分析。 一方面,浙江具有较好的创业氛围,省市各级政府制定了较为完善的创业政策和配套的创业支持,全省创业率也位居全国前列,创业活力极强(孟晋霞,2009),因此大多数人会选择自主创业而非投资他人的企业。 另一方面,浙江具有众多的家族企业,同家族的人进行共同创业在浙江尤其盛行(缪仁炳,2006)。 而且,像"家庭作坊"这种小规模的创业模式在浙江极其多,这也导致了许多人会选择同家族成员一起创业或进行风险较小的"家庭作坊"式创业,而不是去投资他人的企业。

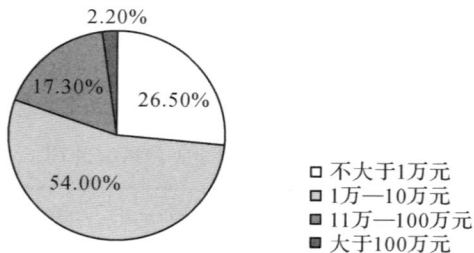

图 6-13　受访者的投资金额

　　除去那些未投资和小部分拒绝透露投资金额的受访者，本书对剩下的受访者的投资金额情况进行了统计分析，图 6-13 显示了研究分析的结果。　在那些投资了他人创办的企业的受访者中，26.50％的受访者所参与投资的金额不高于 1 万元；而高达 54.00％的受访者投资的金额在 1 万—10 万元之间；有 17.30％的受访者的投资金额在 11 万—100 万元之间；大于 100 万元的投资人数最少，仅占 2.20％。　通常，个人在选择投资对象和金额时，不仅看重投资业务的发展潜力，也会考虑到投资失败时所产生的亏损。　投资失败的风险越大，受访者投入的金额也越少。　而且，他们也会考虑到投资对象和自己的关系。　那些与自己关系越好、信任程度越高的投资对象，则越可能得到他们的投资。（胡金焱等，2014）

　　最后，本书调查了过去 3 年内进行过投资的受访者与被投资人之间的关系。　具体情况与结果如表 6-12、图 6-14 所示。

表 6-12　调查问卷（受访者与被投资人的关系）

问题	内容
4C	获得您的最近一次投资的人与您的关系是_____？

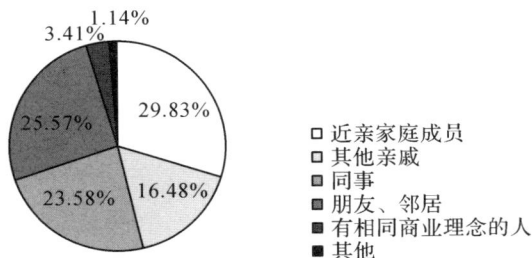

图 6-14　受访者与被投资人的关系

　　由图 6-14 可以看出，通常，个人更偏向于投资近亲家庭成员的业务，如配偶、兄弟、子女、父母等。　这些人是与个体关系最为亲近的人，也最值得信任。　除此之外，大部分人也会选择对其他亲戚、朋友、邻居或者同事的业务进行投资，这些是他们身边的熟人，关系也较好。　而对于商业理念相同的人或其他群体等的业务通常投资的较少，因为受访者对这些人的背景、能力等了解的都不多，通常对这些人投资的风险较高，因此仅有 4.55％的人表示对这一部分人进行了投资。

此外，本书也发现在投资对象的选择上，男性和女性的某些选择存在明显差异。 在该次调查的对象中，只有 17.75％的男性表示对近亲家庭成员的业务进行过投资，而有 38.46％的女性表示对近亲家庭成员进行过投资。 然而，30.18％的男性对同事的业务进行过投资，而只有 16.41％的女性表示投资过同事的业务。 造成这一差别的原因可能是，大部分男性更加理性，事业心通常比女性更强，他们在进行投资选择时会更加看重投资对象的能力及发展潜力而不是个人关系。 而女性则更加感性，她们不但看重投资业务的发展潜力，与投资对象的关系也是她们在投资时不可忽略的因素之一。 在投资对象上，她们的选择更倾向于建立在"熟人"关系的基础之上，那些亲密的关系通常会为她们带来更大的安全感和信任感。

6.4　结论与展望

6.4.1　结　论

创业网络会对创业活动产生极大的影响（Wilson et al.，2007）。 大量的研究已经证明，创业网络的规模、强度、异质性，网络中的人际关系、机构关系和商业关系等的不同会对企业在资金、信息、市场机会等资源的获取上产生直接影响，并进一步影响创业活动的进行与创业的成功（Florin et al.，2003；Kock et al.，2008；Pierre-André et al.，2004；Zhao et al.，1995）。 本章在相关研究的基础上，通过对浙江创业网络的实际情况进行调查，并对所获得的客观数据进行深入分析，从而加强对当前浙江创业中的社会网络整体状况的了解。 通过本次调查，主要得到结论如下。

第一，在浙江，绝大部分的创业者会选择与他人合伙创业，而非独自一人进行创业。 合作创业不仅能减小创业风险，更有利于企业在创业早期得到更多的重要资源，如资金、渠道、信息等。

第二，浙江创业企业的团队规模通常较小，为 2—6 人的居多，小规模创业团队有利于权力的集中和决策的制定。 除了创始团队规模小之外，早期员工团队规模也较小，通常不会超过 10 人，这也恰好和浙江大量的"小作坊"模式的创业特点相符合。

第三， 浙江创业企业较为重视与其他企业的合作，和外界企业保持良好的合作关系。 创业企业与其他相关企业的合作，不仅有利于获取那些稀缺资源（赵文红等，2013），也有利于获取合法性（Coad，2012），从而加速企业的成长。 而且在创业早期，通过与其他企业展开合作，不仅能有效降低创业风险，也能显著提升企业绩效，使创业企业的存活概率提高（朱秀梅等，2011）。 企业与企业之间的有效合作也能为双方带来许多好处，从而达到双赢的局面。

第四，浙江创业者与他人的合作通常都是建立在熟人关系的基础之上的。 首先，在创业过程中会给予创业者建议的主要是配偶、父母、其他亲戚、朋友、同事等这类与个体关系较为紧密的人。 创业者对这些群体较为熟悉，也更加信任，他们的建议往往能为创业者带来很多帮助。 而且，创业者在资金宽裕的时候也会进行投资。 在进行个人投资时，这些自己信任的、与自己关系紧密的，如近亲、其他亲戚、朋友、乡邻及同事也是投资对象的首选；但是在进行具体对象的选择时，男性与女性有所区别，女性更倾向于选择亲戚的业务而不是同事，而相比亲戚，男性更倾向于选择投资同事的业务。 不过，在投资金额上，大部分人都较为谨慎，投资金额大多在 1 万—10 万元之间。

6.4.2　展　望

针对以上结论，本书认为以下问题值得进一步探讨。

第一，浙江创业团队的规模通常较小，小规模的创业团队不仅意味着内部创业网络较小，也会导致创业早期外部创业网络规模较为有限。尽管较小规模的团队更有利于管理和决策的制定，但单个创业者所需承担的创业风险更高，所能获得的资源也更为有限。那么，对于不同类型的创业企业，是否有一个最优的创业团队规模呢？创业团队规模的大小对创业企业的利弊影响具体是怎么样的呢？

第二，本章从内部创业网络和外部创业网络两个视角研究了浙江创业的网络问题，对创业网络的分析主要聚焦于网络规模、网络强度、人际关系、商业关系、信任程度等。但对网络异质性、网络密度、机构关系等特征讨论不足。对于网络强度，本书也没有进一步分析"弱关系"和"强关系"对创业企业所产生的不同影响。因此，关于其他的网络特征对创业企业的影响，仍需进行更深入的分析。

第三，本章对浙江创业网络的分析主要集中于创业网络为创业活动所带来的积极影响，如进行投资合作、提供建议等。但许多研究发现，创业网络对创业企业也存在许多负面影响（方世建等，2011），如网络活动需要消耗大量的时间和成本（Watson，2007；顾琴轩等，2009）。创业网络还会带来哪些负面影响？那些不注重创业网络构建的创业者是否是因为考虑到了这些负面影响？这些问题都值得我们进一步去探索。

第四，本章对调查数据仅进行了描述性统计分析，同时结合已有理论进行了相关阐述，但对于不同的网络及其特征所产生的在资源获取、市场机会发现、企业绩效等方面的影响关系，本书并没有进行实证研究。这也是今后相关研究的重点所在。

第7章 创业者行为与创业绩效

7.1 决策方式

7.1.1 效果推理与因果推理概念

经典职能管理和战略管理产生于稳定的市场环境，在这种稳定的市场环境中，人们习惯于采用因果推理（Causation）决策方式。因果推理以目标作为逻辑出发点，根据以往的经验、模式、工具预测未来，确定目标，然后寻找各种实现目标的路径和方法，再对各种路径和方法进行评估，以寻求最有效的途径以获取最大的收益（崔祥民，2014）。

然而在现实生活当中，创业者往往面临快速变化的市场需求，创业者无法预先知晓可能发生的事件结果的概率分布，甚至连结果本身都可能是未知的，因此决策者无法通过转嫁风险降低未来可能的损失。在这个过程当中，创业者也会随时面临预想不到的威胁或者突然而来的机会。这种高度不确定性的创业情景使得经典理论中"目标设定—计划—组织—实施—控制"的序贯逻辑显得缺乏灵活性（Bhide，2010）。针对此情况，美国弗吉尼亚大学达顿商学院的 Sarasvathy 教授于 2001 年正式提出了效果推理（Effectuation）理论，试图通过该理论解释在高度不确定的情景下创业者如何进行创业决策的系列问题。 效果推理理论是关于创业活动以行动为导向的理论，该理论挑战传统决策的预测逻辑，认为只要能在一定程度上控制未来，能够用思想和行为影响未来的时候，则无须进行预测。 效果推理理论可以看作一系列关于不确定情况下如何思考、决策和行动的启发式逻辑，其决策过程包括与他人共同致力于将当下的手段转化为共创的目标从而构建可能的未来（Wiltbank et al. ，2006），其内容包含了认知、思维方式、实践和行为方式等元素（Sarasvathy，2008）。 效果推理理论有效解释了创业者特殊的决策和行为方式，增加了创业研究成为一门独立学科的合法性，引起了学术界的广泛兴趣。

7.1.2 效果推理与因果推理的对比

在 Sarasvathy（2001）的研究中，将传统的决策方式称为因果推理，以便在理论上与效果推理对照区别。 虽然因果推理在信息充足、未来可预测的情况下是合适的，但在不确定的情况下效果推理为决策提供了新的思路。 随后，Sarasvathy（2008）等人用七巧板和拼布床单来对效果推理与因果推理进行对比。 因果推理包含了确定的战略方法，如同一个七巧板，创业者的任务是抓住已经存在的市场机会，通过对资源的有效利用，创造出可持续的竞争优势。 在七巧板里，每块的形状是确定的，有多少块也一目了然，创业者只需要把它们拼起来。 而效果推理是用一种拼布床单的游戏来推断效果，创业者必须通过不断掌握最新的资讯，对不停变幻的方向进行实验，从而创造出创业机会，因果推理与效果推理的对比如表 7-1 所示。

表 7-1　因果推理与效果推理对比

	因果推理	效果推理
目标设定	有清晰目标，并且有明确的执行计划	关注自身拥有什么，并未预先设定或清晰定义目标

续　表

	因果推理	效果推理
机会	创业机会是发现和识别出来的	创业机会是创造出来的,创业者的努力可以在一定程度上改变或重塑未来
计划	有清晰的计划、明确的战略决策与执行手段	非线性因果模型,创业者并非遵从某一个确定的商业计划
内在逻辑	你在多大程度上可以预测未来,决定了你在多大程度上能控制它,关注"预期回报最大化"	未来是可控的,无须预测它,关注"可承受的损失"
分析方式	进行内外部分析(竞争者分析、客户分析、内部资源分析)非常重要	难以进行战略分析。从战略合作者及利益相关者那里得到支持能有效降低不确定性,帮助战略成功
资源来源	为了实现战略目标,需要从外部获取资源或者从内部开发资源	关注自身拥有的资源和手段,关注"我是谁,我知道什么,我认识谁"
如何成功	与竞争者进行激烈竞争	与利益相关者的密切合作互动
适用情景	线性、静态的情景	非线性、变化的动态环境

资料来源:吴隽等(2014)。

效果推理遵循的四大原则为实验、联盟、可承受损失与柔性;与之对应,因果推理遵循的四大原则为目标导向、依赖竞争分析、关注预期回报与利用已有的知识(Igor et al.,2016)。关于手段与目的方面,效果推理遵循实验原则,强调实验和快速调整,以自身的资源和手段为起点,通过实验的过程创造新的事物;因果推理遵循目标导向原则,依据创业伊始设定的目标,尝试找寻最佳办法以实现新的目标。关于如何处理与利益相关者的关系问题,效果推理遵循联盟原则,提出要与自主选择的利益相关者,如用户、供应商和外部研究人员,形成紧密的合作关系并获取合作伙伴的先前承诺,通过伙伴的支持以降低不确定性;而因果推理依赖竞争分析,通过对竞争市场的分析以降低不确定性。关于决策者对财务资源的态度,效果推理遵循可承受损失原则,考虑创业过程中的预期收益;而因果推理关注预期回报,考虑创业结果的预期收益。关于决策者如何应对意外事件,效果推理遵循柔性原则,将创业过程中碰到的意外事件作为其重要的机会来源，并且促使意外的发生；而因果推理则强调利用已有的知识，遵循线性过程，以高效实现项目目标并且尽可能减少和规避意外，避免受到外界干扰（崔连广等，2017）。

7.1.3 效果推理与因果推理的双元关系

决策逻辑的选择并不是简单的二选一，而是结合决策者的特点、偏好及组织环境的差异在若干决策逻辑和原则中进行的选择。虽然效果推理与因果推理有很大的区别，但二者并不是互不相容的对立两极，而是代表不同的推理逻辑与决策方式，可以在不同情况下加以利用（吴隽，2016）。有不少学者指出，效果推理与因果推理在一个企业的决策活动中可能是同时存在的，一个企业不可能完全依赖效果推理决策或者因果推理决策。然而这两种决策逻辑在企业中是如何共存的，尚未得到清晰的解答。早期研究阶段，学者们大多关注效果推理与因果推理这两种决策逻辑的差异性，因此已有的实证大多是采用二分法进行研究的，即连续变量观。例如，Harmeling（2004）等与 Harting（2004）均发现创业者在创业初期更倾向采用效果推理模式，而在创业成熟阶段因果推理模式的使用次数会逐渐增加，其目标灵活性与对偶然事件的利用均随着时间的推移而降低；Harms 与 Schiele（2012）则认为，面对新市场的动态性越强，越倾向于用效果推理，反之则会使用因果推理。

随着研究的逐渐深入，大家都发现在实践中企业很可能不会完全偏向某一种逻辑。Wiltbank（2006）等人首先提出，强调计划的因果逻辑与强调控制的效果推理逻辑在企业里应该可以并存，它们不是二者取其一的关系。Kraaijenbrink（2012）等人在一项关于两种逻辑对商业计划的作用的实证研究中发现，效果推理与因果推理并非相对立的。同时追求手段导向与目标导向，以及同时追求预测与风险控制，均会产生更好的绩效，单独使用任何一种逻辑并不能带来最好的绩效。另一项关于不同规模的企业对于效果推理与因果推理偏好的研究中亦发现，较大的企业在同时追求手段导向与目标导向的同时，更强调计划与目标，但这两种导向是在企业中并存的（Kraaijenbrink et al.，2012）。 此外，有学者发现，在技术研发的早期阶段，同时采用效果与因果这两种逻辑的企业的创新绩效最好（Agogu et al.，2015）。 可见，效果推理与因果推理这两种逻辑有可能是正交的关系，企业有可能实现同时追求收益最大化与成本最小化；或同时关注与利益相关者构建良好互动，以及与竞争者进行激烈竞争（Bhowmick et al.，2015）。 如探索式学习与利用式学习的双元研究，对效果推理与因果推理的研究焦点也逐步进入了二者如何共生共存的双元模式研究当中。 Berends et al.（2013）在对企业进行深入的微观跟踪后，对其进行的定量分析显示，企业在创业早期较多采用效果推理，后期逐渐向因果推理转移；而定性分析则显示企业在每一个阶段都会同时采用效果推理与因果推理。

7.1.2　数据分析

　　本章主要针对初生创业者和已有创业者进行数据的收集，效果推理和因果推理的测量使用的是 Chandler et al.（2011）开发出的量表，该量表分别测量了效果推理和因果推理。 其中，柔性原则涉及 4 个题项，为 1VA1/2VA1，1VA2/2VA2，1VA3/2VA3 和 1VA4/2VA4；可承受损失原则涉及 3 个题项，为 1VB1/2VB1，1VB2/2VB2 和 1VB3/2VB3；联盟原则涉及 4 个题项，为 1VC1/2VC1，1VC2/2VC2，1VC3/2VC3 和 1VC4/2VC4；实验原则涉及 4 个题项，为 1VD1/2VD1，1VD2/2VD2，1VD3/2VD3 和 1VD4/2VD4，具体如表 7-2 和表 7-3 所示。

表 7-2　效果推理调查问卷

维度	问题	内容
柔性	1VA1/2VA1	我们会根据机会来改进产品和服务（1＝非常不同意……5＝非常同意）
	1VA2/2VA2	我们根据手头掌握资源的情况调整工作安排（1＝非常不同意……5＝非常同意）
	1VA3/2VA3	我们能够保持灵活并及时抓住机会（1＝非常不同意……5＝非常同意）
	1VA4/2VA4	我们会避免降低组织柔性和适应性的行为（1＝非常不同意……5＝非常同意）
可承受损失	1VB1/2VB1	当投资开发项目时，我们的投资额不会超过企业能承受的损失额（1＝非常不同意……5＝非常同意）
	1VB2/2VB2	我们投资开发项目时谨慎且量力而行，万一项目彻底失败，企业也不至于陷入财务危机（1＝非常不同意……5＝非常同意）
	1VB3/2VB3	当投资开发项目时，我们投入的资源不会超过企业所能承受的范围（1＝非常不同意……5＝非常同意）
联盟	1VC1/2VC1	我们经常试图让顾客或供应商提前认同我们的项目或产品（1＝非常不同意……5＝非常同意）
	1VC2/2VC2	我们通过与外界紧密合作的方式拓宽企业的发展空间（1＝非常不同意……5＝非常同意）
	1VC3/2VC3	我们的关系网为我们提供了经营所需的资源（1＝非常不同意……5＝非常同意）
	1VC4/2VC4	我们很重视与其他企业及个人建立良好的合作关系（1＝非常不同意……5＝非常同意）
实验	1VD1/2VD1	我们常常采取实验的方式来尝试各种想法和商业模式（1＝非常不同意……5＝非常同意）
	1VD2/2VD2	我们现有的产品和服务与最初的规划保持高度一致（1＝非常不同意……5＝非常同意）
	1VD3/2VD3	我们会尝试不同的商业模式，直到找到最适合本企业的商业模式（1＝非常不同意……5＝非常同意）
	1VD4/2VD4	我们现有的产品和服务与最初的规划有着显著的区别（1＝非常不同意……5＝非常同意）

表 7-3 因果推理调查问卷

维度	问题	内容
因果推理	1VE1/2VE1	我们会从长远角度分析创业机会,并聚焦于我们认为最优的机会(1=非常不同意……5=非常同意)
	1VE2/2VE2	我们根据所拥有的资源和能力来制定目标及战略(1=非常不同意……5=非常同意)
	1VE3/2VE3	我们计划、制定并完整记录了企业发展战略(1=非常不同意……5=非常同意)
	1VE4/2VE4	我们会有计划地组织、实施和控制各流程以实现预定目标(1=非常不同意……5=非常同意)
	1VE5/2VE5	我们的决策是基于细致的市场调研及对竞争对手的分析的(1=非常不同意……5=非常同意)
	1VE6/2VE6	对于开展的各个项目,我们从一开始就有清晰且一致的实现目标(1=非常不同意……5=非常同意)
	1VE7/2VE7	我们会仔细地按照既定计划开展企业的研发、生产与营销活动(1=非常不同意……5=非常同意)

根据本书第 2 章的定义,在对效果推理与因果推理进行分析时,我们将调查对象分为初生创业者、新企业创业者、已有企业创业者。 收取有效样本 783 个, 其中初生创业者 104 个(13.28%)、新企业创业者 649 个(82.89%)、已有企业创业者 30 个(3.83%),如图 7-1 所示。

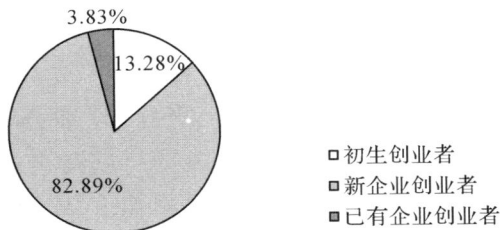

图 7-1 调查对象分布情况

如表 7-4 与图 7-2 所示,无论是初生创业者、新企业创业者,还是已有企业创业者,他们的效果推理与因果推理的均值都较高,这说明创业者无论在哪个创业阶段,都不会只采取一种决策逻辑,创业者会根据环境的变化与个人的原因将效果推理与因果推理结合起来使用。 然而，通过图 7-2 仍然可以发现，在创业初期，创业者会更倾向于采用效果推理进行决策；随着企业进入成熟阶段，创业者会更倾向于采用因果推理进行决策，尽管数据展现出来的差异性并不十分显著。 这与已有研究得出的结果一致，Harmeling et al.（2004），Harting（2004）与 Berends et al.（2013）均认为创业者在创业早期较多采用效果推理，后期逐渐向因果推理转移。

表 7-4　初生、新企业与已有企业创业者的效果推理与因果推理的得分均值

	效果推理	因果推理
初生创业者	3.96	3.93
新企业创业者	3.89	3.94
已有企业创业者	3.85	3.97

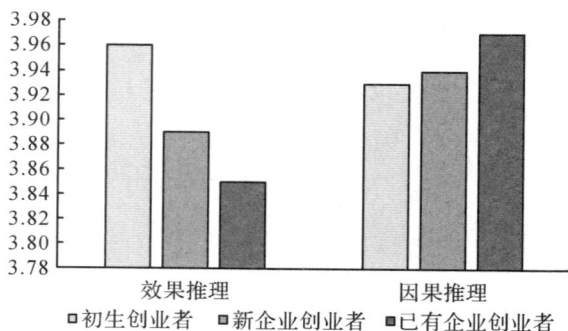

图 7-2　初生、新企业与已有企业创业者的效果推理、因果推理得分均值分布

在对浙江创业者关于决策逻辑—效果推理的调查当中可以发现，无论是初生创业者、新企业创业者还是已有企业创业者在联盟维度上的均值都在 3.90 以上，如表 7-5 所示，这说明浙江创业者都十分注重与利益相关者的关系，将重心放在合作关系的构建上，选择利益相关者建立战略联盟，而不是进行系统的竞争分析。 如表 7-5 与图 7-3 所示，在实验原则上，相比其他维度，各个阶段的创业者均表现出了相对较低的水平，实验原则强调决策的起点是既有的资源与手段，包括"我是谁""我知道什么""我认识谁"。其中，"我是谁"包括个体特征和能力，"我知道什么"包括受过的教育、先前的经验、专长，"我认识谁"代表社会网络（Read et al.，2011；Engel et al.，2017）。这说明各个阶段的创业者仍然以目标导向为主，依据创业伊始设定的目标尝试找寻最佳的办法以实现该目标。另外值得关注的是，已有企业创业者的柔性水平最低，柔性原则反映了决策者利用意外并且愿意在面对新信息、新手段甚至惊喜时进行改变（Chandler et al.，2011；Read et al.，2009）。而柔性原则往往被认为是创业企业的优势，相比而言，相对成熟的在位企业既有的组织结构、路径、政策都可能抑制企业的柔性（March et al.，1958）。这也给了浙江省已有企业的创业者相应的启示，在位企业如果能够克服上述问题，能够在快速变化的环境中保持柔性，利用新出现的事物并影响企业的业务，就能更好地控制自身的发展，促进企业好的成长。

表 7-5　初生、新企业与已有企业创业者效果推理（各维度）的得分均值

	柔性	可承受损失	联盟	实验
初生创业者	3.96	3.97	3.98	3.93
新企业创业者	3.89	3.89	3.99	3.80
已有企业创业者	3.77	3.87	3.92	3.84

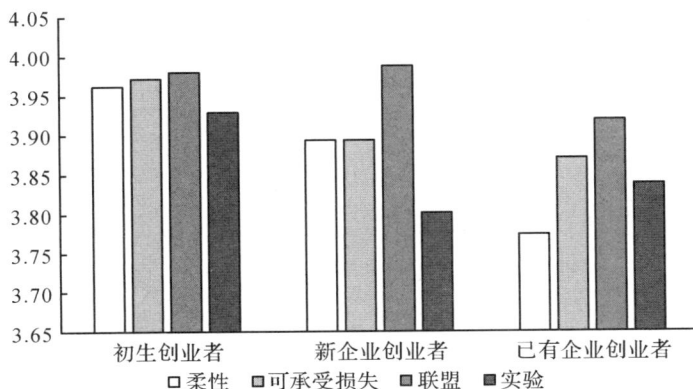

图 7-3　初生、新企业与已有企业创业者效果推理（各维度）得分均值分布

7.2 创业认同

　　与各行业从业者存在职业认同类似，创业者也拥有对创业事业的认同。 尤其是在复杂多变的创业过程中，虽然创业者能够自由追逐自己的梦想（Fauchart et al.，2011），但是创业者在创业过程中总会面临各种创业困境，经常需要经历比组织中的雇员更多的负面情绪，例如压力、失败恐惧、孤单、精神紧张和悲伤等（Patzelt et al.，2011）。 对于上述负面情绪，创业者是积极乐观面对还是消极对待？ 是坚持创业还是放弃创业？ 这部分取决于创业者是否对创业活动发自内心的真正认同，是否把创业事业作为一种终身职业追求来看待。 因此，创业认同的构建与知识技能的开发对于创业成功来说是同等重要的，并且创业认同能够解释很多创业行为的背后原因，对于创业实践具有重要的意义。

　　综合创业认同的文献，学者对创业认同的不同理解，主要从角色内化、社会类化和集体认可 3 个视角展开，并各有侧重点，体现了创业认同的 3 个层次。 其中，角色内化视角的创业认同体现了个体自己对创业特性的反应；集体认可视角的创业认同则体现了外界对个体有关创业的评价。 从角色内化视角看，创业认同是指创业者在创业过程中对自我角色的清楚认识和肯定性评价（Jones et al.，2008；McCall，2003）；从社会类化视角看，创业认同是指创业者在创业活动中涌现的各种认同行为的集合（O'Mahoney，2012；Parker，1997；Smith，2010）；从集体认可视角看，创业认同是指创业者通过构建自己的角色和身份，以赢得社会认可。

　　本书对于创业认同的测量使用的是 Fauchart et al.（2011）等开发出的量表（李克特五点量表），分别从 3 个角度，即达尔文主义者、社群主义者、传教士对 3 种类型的创业者进行测量。 达尔文主义者追求满足个人经济利益的机会，并从大众消费者那里获取资源，涉及 3 个题项，为 1W1/2W1，1W2/2W2 和 1W3/2W3；社群主义者追求有利于社群发展的机会和从社群获得资源支持，涉及 3 个题项，为 1W4/2W4，1W5/2W5 和 1W6/2W6；而传教士不仅仅要寻求最适合他们的机会，而且要寻求最符合他们身份的机会，涉及 3 个题项，为 1W7/2W7，1W8/2W8 和 1W9/2W9，如表 7-6 所示。

表 7-6　创业认同调查问卷

维度	问题	内容
达尔文主义者	1W1/2W1	创造经济价值和创造个人财富的机会是我创业重要的驱动力（1＝非常不同意……5＝非常同意）
	1W2/2W2	对我而言,关注盈利能力是最重要的（1＝非常不同意……5＝非常同意）
	1W3/2W3	对我而言,创业成功是我的业务相比竞争对手有更好的财务业绩（1＝非常不同意……5＝非常同意）
社群主义者	1W4/2W4	我创业的主要动机是提供给人们又好又新颖的产品（1＝非常不同意……5＝非常同意）
	1W5/2W5	对我而言,创业最重要的是忠于自己最初的想法并向客户提供高质量的产品（1＝非常不同意……5＝非常同意）
	1W6/2W6	对我而言,创业成功是我们的产品能够很好地为那些使用它们的人服务（1＝非常不同意……5＝非常同意）
传教士	1W7/2W7	我创业的主要动机是通过我的公司,追求自我价值或特定事业价值（例如社会、可持续发展等）的实现（1＝非常不同意……5＝非常同意）
	1W8/2W8	对我而言,成功就是我的企业可以让社会变得更好（1＝非常不同意……5＝非常同意）
	1W9/2W9	对我而言,重要的是我努力证明有跟我价值观匹配的更好的方式来做事（1＝非常不同意……5＝非常同意）

7.2.1　基于性别的创业认同的对比分析

在基于性别对创业认同进行对比分析时，本书共收取有效样本 808 个，其中男性创业者 415 人（51.36%），女性创业者 393 人（48.64%），如图 7-4 所示。

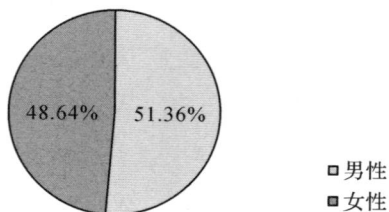

图 7-4　性别分布情况

　　在对浙江男女性创业者关于创业认同的调查中，如表 7-7、表 7-8 与图 7-5、图 7-6 所示，浙江男性创业者与女性创业者的创业认同的得分均值总体较高，这说明浙江的创业者总体上对创业事业有着较高的认同感，他们在更大程度上将创业看作一种终身的职业。在性别对比分析上，我们可以看出，男性创业者的创业认同的得分均值要略高于女性创业者的创业认同的得分均值。 根据已有研究，男性创业者与女性创业者的态度实际存在差异。 大部分研究者认为，男性创业者的自我效能感要强于女性创业者，男性创业者自我验证的欲望也要高于女性创业者，因此男性创业者对创业的认同程度要高于女性（Chen et al., 1998）。 因为女性要花费更多的时间照顾家庭，且很多家庭对于女性创业的支持度普遍没有对男性高，所以女性投入创业活动的可能性要低于男性（Wilson et al., 2004）。 在各个维度的对比分析上，如表 7-8 与图 7-6 所示，男性在达尔文与社群主义维度上的得分均值要高于女性，在传教士维度上的得分均值要小于女性，这说明男性在创业过程中可能更注重个人利益的获取，追求有利于社群发展的机会，致力于为顾客提供更好的产品，并从社群获得支持；而女性创业者更注重寻求适合她们的机会及寻求符合她们身份的机会，注重实现自我价值。

表 7-7　男性创业者与女性创业者的创业认同对比分析

	创业认同
男性创业者	3.97
女性创业者	3.94

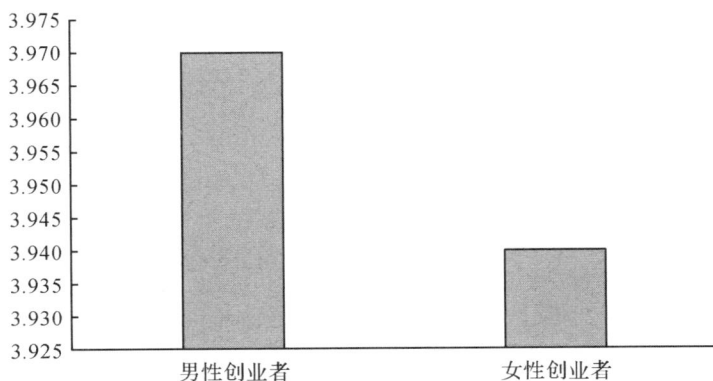

图 7-5 男性创业者与女性创业者的创业认同对比分析

表 7-8 男性创业者与女性创业者的创业认同各维度的对比分析

	达尔文主义	社群主义	传教士
男性	3.95	4.02	3.98
女性	3.93	3.99	3.99

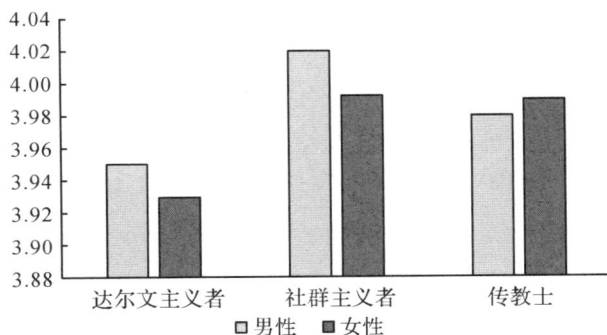

图 7-6 男性创业者与女性创业者的创业认同的各维度对比分析

7.2.2 基于家族经商情况的创业认同对比分析

基于家族经商对创业认同进行对比分析时，本书在剔除 9 个不知道/拒绝回答的无效样本后，共收到了 799 个有效样本，其中家族没有经商传统的创业者有 421 人（52.69%），从祖/父辈开始经商的创业者有 344 人（43.05％），从同辈开始经商的创业者有 34 人（4.26％），如图 7-7 所示。

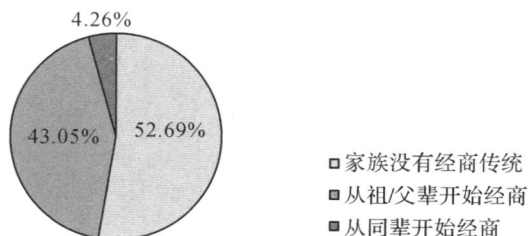

图 7-7　家族经商分布情况

通过对浙江创业者的创业认同的调查（如表 7-9 与图 7-8 所示）可知，创业者对创业的认同程度都较高。相对家族里没有经商传统的创业者来说，那些家族里从祖/父辈开始经商与从同辈开始经商的创业者表现出了更高程度的创业认同。家庭环境对于创业认同的影响主要体现在榜样示范和资源支持 2 个方面。一方面，家庭环境会潜移默化地影响子女的创业认同，家庭环境对于创业决策自我效能具有预测作用，自主创业的父母亲会对子女的创业认同产生积极影响（Babalola，2010；Obschonka et al.，2014）。另一方面，家庭通常是创业资源的主要来源之一，尤其是资金和劳动力。在创业初期，家庭给予创业者物质和精神方面的全力支持，这可以显著提高创业者的创业认同感，反之则会降低创业者的创业认同感（陈建安等，2015）。

表 7-9　创业者在不同家族经商环境下的创业认同的对比分析

	创业认同
没有经商传统	3.90
从祖/父辈开始经商	4.02
从同辈开始经商	4.17

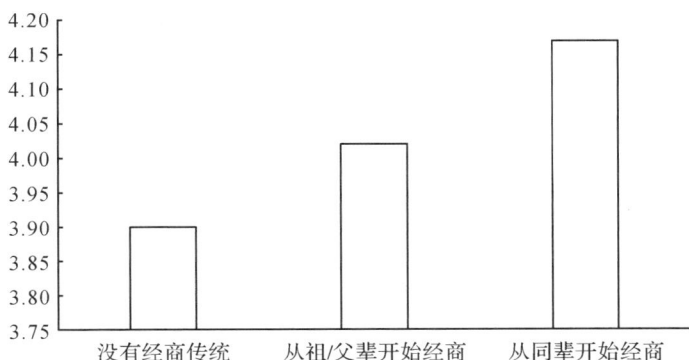

图 7-8　创业者在不同家族经商环境下的创业认同的对比分析

7.2.3　基于年龄的创业认同对比分析

在基于年龄对创业认同进行对比分析时，我们共收取了 810 个有效样本，其中 18—24 岁的创业者 119 人（14.69%），25—34 岁的创业者 308 人（38.02%），35—44 岁的创业者 264 人（32.59%），45—64 岁的创业者 119 人（14.69%），如图 7-9 所示。

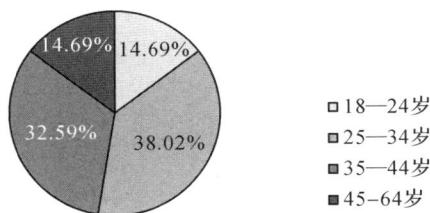

图 7-9　各年龄阶段分布情况

注：上述数据为约数，有部分误差存在，所以 4 个数加起来的和为 99.99%。

通过对浙江创业者的创业认同的调查（如表 7-10 与图 7-10 所示）可知，不同年龄阶段的创业者表现出的创业认同程度差异不大，这说明创业者所处的年龄阶段对于创业者的创业认同影响程度较低。但是根据已有研究，如 Parker（2004）通过计量分析，基于德国西部地区创业者的调研得出：创业认同与年龄的关系呈倒 U

形，峰值在 40 岁左右，即个人在 40 岁左右的时候，创业认同感最强。 但是随着社会的发展，尤其是教育的进步，人们对创业的认同也在发生变化，个体的创业认同与年龄的关系出现了波动。Bonte（2009）基于德国西部 1960—1970 年初生个体的调查发现：创业认同与年龄呈倒 U 形关系的峰值出现在 30 岁左右。

表 7-10　不同年龄阶段创业者的创业认同的对比分析

	创业认同
18—24 岁	4.00
25—34 岁	3.95
35—44 岁	3.94
45—64 岁	4.05

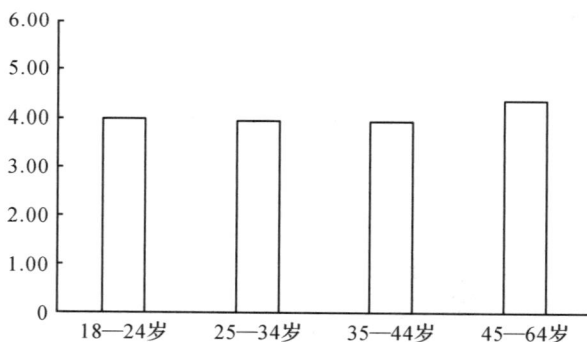

图 7-10　不同年龄阶段创业者的创业认同的对比分析

7.2.4　基于学历的创业认同对比分析

在基于学历对创业认同进行对比分析时，我们在剔除了 4 个拒绝回答的无效样本后，共收取有效样本 804 个，其中学历为大专及以下的创业者 409 人（50.87%），学历为本科及以上的创业者 395 人（49.13%），如图 7-11 所示。

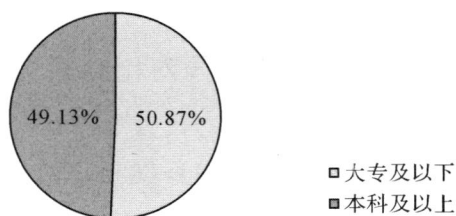

图 7-11　学历分布情况

　　在对浙江创业者的创业认同的调查中（如表 7-11 与图 7-12 所示）得知，不同教育程度的创业者表现出的创业认同程度差异不大，这说明创业者接受的教育程度对创业者的创业认同的影响程度较低。 但是，根据已有研究，如 Falck et al.（2012）根据国际学生评估计划 2006 年的数据显示，学生 15 岁时就有创业意愿；同时对接受过创业培训和没有接受过创业培训的学生开展对比试验，结果证明，在青少年时期接受过创业培训和教育的人，对创业的职业认同（即创业认同感）更强烈。

表 7-11　不同学历水平下创业者的创业认同对比分析

	创业认同
大专及以下	3.98
本科及以上	3.96

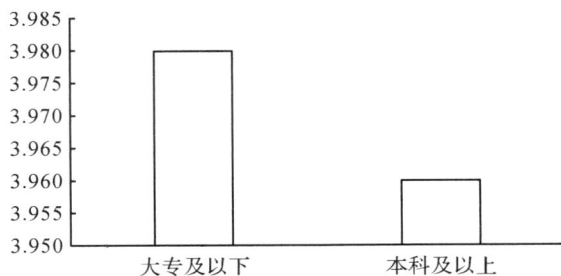

图 7-12　不同学历水平下创业者的创业认同对比分析

7.2.5 基于创业动机的创业认同对比分析

基于创业动机对创业认同进行对比分析时，我们在剔除了 1 个拒绝回答的无效样本与 5 个不清楚自身创业动机的样本后，共收取有效样本 804 个，其中机会型创业者 463 个（57.59%），生存型创业者 196 个（24.38%），两者都有的为 142 个（17.66%），其他 3 个（0.37%），如图 7-13 所示。

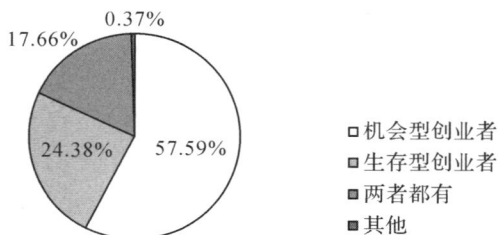

图7-13 拥有不同创业动机的创业者的分布情况

在对浙江创业者的创业认同的调查中（如表 7-12 与图 7-14 所示）发现，初生创业者和已有创业者、机会型创业者和生存型创业者均表现出了较高的创业认同水平。无论是机会型创业还是生存型创业，初生创业者的创业认同水平都要高于已有创业者的创业认同水平。无论是初生创业者还是已有创业者，其中机会型的认同水平要高于生存型的创业认同水平。

表 7-12 拥有不同创业动机的创业者的创业认同对比分析

	初生创业者	已有创业者
机会型创业	4.04	3.98
生存型创业	3.93	3.74

GEM（2003，2005）指出，生存型创业者是那些由于没有更好的工作选择而创业的人，机会型创业者是为了追求一个机会而开创企业的创业者，他们都是自动自发地开创他们的企业的。而生存型创业者从事创业活动主要是受到外部条件的驱动，常常不是个人

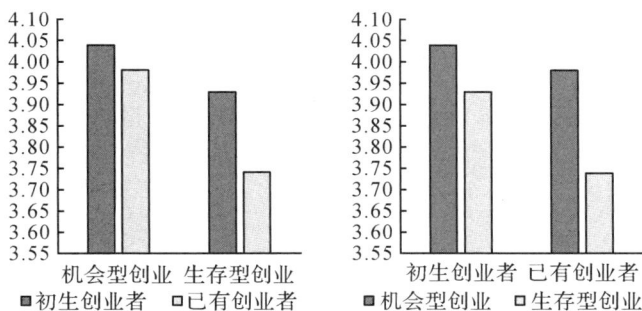

图 7-14　初生创业者、已有创业者与创业动机的交叉分析

愿望的表达。　相比于生存型创业者，机会型创业者拥有更清晰的创业目标和创业价值观，对于创业成功的期望更大（Cooper et al.，1998），因而相比于生存型创业者，机会型创业者表现出了更高的、从内心的对创业活动的认同水平，更会将创业看作一种终身的职业来追求。

7.2.6　基于不同行业的创业认同对比分析

基于不同行业对创业认同进行对比分析时，本文共收取有效样本 809 个，其中创业行业属于农林牧渔业的创业者有 12 个（1.48％），创业行业属于制造业的创业者有 93 个（11.48％），创业行业属于电力、热力、燃气及水生产和供应业的创业者有 6 个（0.74％），创业行业属于建筑业的创业者有 53 个（6.54％），创业行业属于批发和零售业的创业者有 177 个（21.85％），创业行业属于交通运输、仓储和邮政业的创业者有 23 个（2.84％），创业行业属于住宿和餐饮业的创业者有 123 个（15.19％），创业行业属于信息传输、软件和技术服务业的创业者有 42 个（5.19％），创业行业属于金融业的创业者有 56 个（6.91％），创业行业属于房地产业的创业者有 22 个（2.72％），创业行业属于租赁和商务服务业的创业者有 11 个（1.36％），创业行业属于科学研究和技术服务业的创业者有 4 个（0.49％），创业行业属于水利、环境和公共设施管理业的创业者有 6 个（0.74％），创业行业属于居民服务、修理和其他服务业的创业者有 25 个（3.09％），创业行业属于教育业的创业者有 68 个（8.40％），创业行业属于卫生和社会工作业的创业者有 5 个（0.62％），创业行业属于文化、体育和娱乐业的创业者有 42 个（5.19％），其他行业的创业者有 41 个（5.06％），如图 7-15 所示。

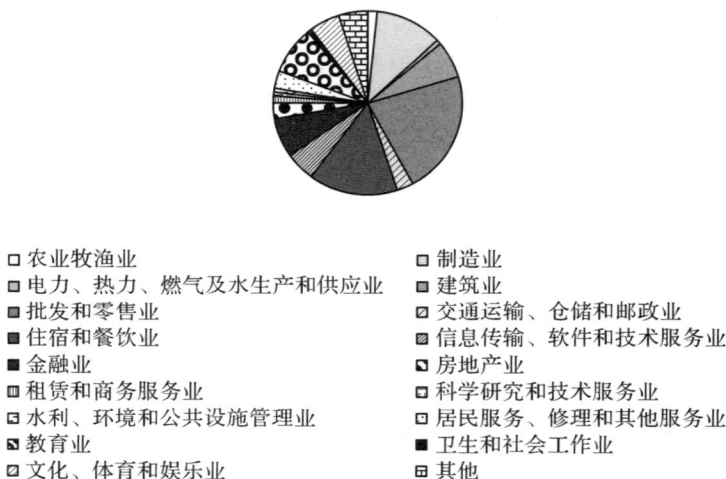

□ 农业牧渔业　　　　　　　　　　　　　□ 制造业
■ 电力、热力、燃气及水生产和供应业　■ 建筑业
■ 批发和零售业　　　　　　　　　　　■ 交通运输、仓储和邮政业
■ 住宿和餐饮业　　　　　　　　　　　■ 信息传输、软件和技术服务业
■ 金融业　　　　　　　　　　　　　　▷ 房地产业
■ 租赁和商务服务业　　　　　　　　　□ 科学研究和技术服务业
▥ 水利、环境和公共设施管理业　　　　□ 居民服务、修理和其他服务业
▨ 教育业　　　　　　　　　　　　　　■ 卫生和社会工作业
▨ 文化、体育和娱乐业　　　　　　　　⊞ 其他

图 7-15　不同行业分布情况

在对浙江创业者的创业认同的调查中（见表 7-13 与图 7-16 发现），各行业的创业者均表现出了较高程度的创业认同，其中从事电力、热力、燃气及水生产和供应业的创业者的创业认同感与从事农林牧渔业的创业者的最低，从事科学研究和技术服务业的创业者创业认同感最高。 根据已有研究显示，创业者选择市场前景越好的行业创业，其创业认同感越强。 Cooper et al.（1988）对美国来自不同行业的 2994 个创业者实施问卷调查，统计结果显示：行业发展状况对创业者的创业认同的构建影响较大，大多数创业者愿意在效益比较好的行业创业，且这样更容易获得家庭的支持和投资者的青睐。 同时，该调查还可以一定程度上反映浙江创业者选择创业行业的整体趋势与行业前景的发展趋势。

表 7-13　不同行业创业者创业认同的对比分析

行业	创业认同	行业	创业认同
电力、热力、燃气及水生产和供应业	3.54	住宿和餐饮业	4.04
农林牧渔业	3.54	水利、环境和公共设施管理业	4.04
批发和零售业	3.89	居民服务、修理和其他服务业	4.06
建筑业	3.89	教育业	4.08
文化、体育和娱乐业	3.89	信息传输、软件和技术服务业	4.12
交通运输、仓储和邮政业	3.94	卫生和社会工作	4.16
制造业	3.97	租赁和商务服务业	4.18
金融业	3.98	科学研究和技术服务业	4.25
房地产业	4.00		

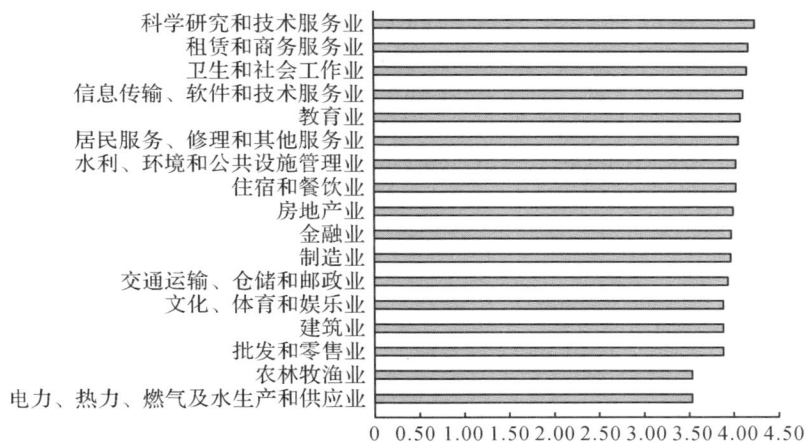

图 7-16　不同行业创业者创业认同的对比分析

7.3　自我效能

　　自我效能感（Self-efficacy）是美国心理学家班杜拉于 1977 年在其著作《思想和行为的社会基础：一种社会学习理论》中首次提

出的。 在书中班杜拉认为自我效能感是指，个体对自己是否有能力完成某一行为所进行的推测与判断。 所以自我效能感不仅涉及人们所拥有的技能本身，还是一种对能否完成工作的自信程度。可以说，自我效能感是个体对自身能否完成某些特定的活动、事件及完成情况的自我评估。

创业作为一种人类活动方式，无疑会受到自我效能感的影响。所以，研究者把自我效能感与创业活动结合起来，提出了一个以创业领域为研究背景的自我效能概念——创业自我效能感。 创业自我效能感（Entrepreneurial Self-efficacy，ESE）是指，个体相信自己能够成功扮演各种创业角色，并完成各项创业任务的信念强度（Boyd 1994，Scherer et al.， 1989）。 在引入了自我效能感概念以后，研究者开始关注创业者对自身创业能力的感知、信心和创业自我效能，以及对创业行为与创业绩效的预测作用等问题。

本部分对于自我效能感的测量使用的是 Dimov（2010）开发的量表，使用李克特五点量表，包括 5 个题项，为 1X1/2X1，1X2/2X2，1X3/2X3，1X4/2X4 和 1X5/2X5，如表 7-14 所示。

表 7-14　自我效能感调查问卷

维度	问题	内容
自我效能感	1X1/2X1	开办这家企业比从事其他职业更令我满意（1＝非常不同意……5＝非常同意）
	1X2/2X2	开办这家企业能帮助我实现生活中的其他重要目标（1＝非常不同意……5＝非常同意）
	1X3/2X3	我拥有的技能能帮助我开办这家企业（1＝非常不同意……5＝非常同意）
	1X4/2X4	我过去的经验对我开办这家企业非常有价值（1＝非常不同意……5＝非常同意）
	1X5/2X5	我相信我能尽最大努力去开办这家企业（1＝非常不同意……5＝非常同意）

7.3.1　初生创业者与已有创业者的自我效能感对比分析

在对初生创业者和已有创业者的自我效能感对比分析当中，我们收取了 810 个有效样本，其中初生创业者 543 个（67.04％），已有创业者 267 个（32.96％），如图 7-17 所示。

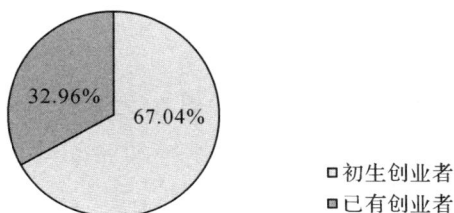

图 7-17　初生创业者与已有创业者的样本分布情况

在对浙江创业者自我效能感的调查当中（如表 7-15 与图 7-18 所示）发现，创业者均表现出了较高的自我效能感，这代表创业者对自己从事的创业活动有着较强的信心，认为自己能完成各项创业任务。 而初生创业者比已有创业者表现出了更高的自我效能感。

表 7-15　初生创业者与已有创业者的自我效能感对比分析

	自我效能感
初生创业者	4.02
已有创业者	3.97

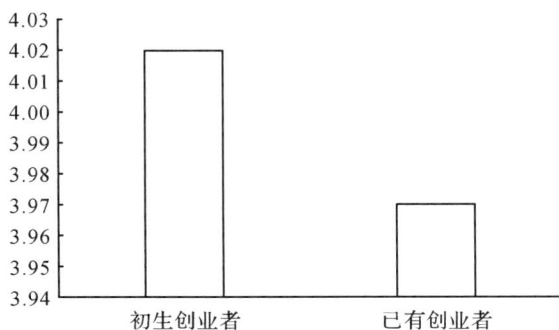

图 7-18　初生创业者与已有创业者的自我效能感的对比分析

Bandura（1986）指出，影响创业自我效能感形成与发展的因素包括：个人过去的行为及其所产生的或成功或失败的结果，以及其他人的行为及其结果成败的经验教训示范效应等。创业自我效能感虽然相对稳定但并不永恒，会在创业与环境的交互作用中发生变化。初生创业者在创业初期，经历的失败次数少，对创业活动就拥有较强的信心，因而表现出更高的自我效能感。

7.3.2 基于性别的自我效能感对比分析

在对自我效能感基于性别的对比分析当中，我们收取了 808 个有效样本，其中男性创业者 415 个（51.36％），女性创业者 393 个（48.64％），如图 7-19 所示。

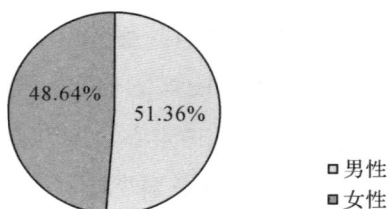

图 7-19 有关性别的样本分布情况

在对浙江创业者自我效能感的调查当中（如表 7-16 与图 7-20 所示）发现，男性创业者与女性创业者均表现出较高的自我效能感，这代表不同性别的创业者对自己从事的创业活动有着较强的信心，认为能够完成各项创业任务。男性与女性创业者表现出来的自我效能感的差距并不显著，这说明性别对于自我效能感的影响程度并不深。

表 7-16 不同性别的自我效能感对比分析

	自我效能感
男性	4.02
女性	3.99

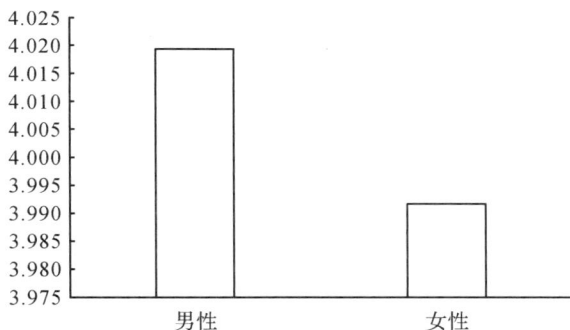

图 7-20 不同性别创业者的自我效能感对比分析

7.3.3 基于学历的自我效能感对比分析

基于学历的自我效能感对比分析当中，我们剔除了拒绝回答学历的 4 个无效样本，共收取了 804 个有效样本，其中学历为大专及以下的创业者 409 个（50.87％），学历为本科及以上的创业者 395 个（49.13％），如图 7-21 所示。

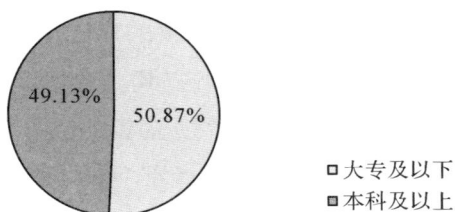

图 7-21 不同学历水平样本的分布情况

在对浙江创业者自我效能感的调查当中（如表 7-17 与图 7-22 所示）发现，学历为大专及以下与本科及以上的创业者的自我效能感的均值分别为 4.01 与 3.99，这代表有着不同学历的创业者均对自己从事的创业活动有着较强的信心，认为自己能够完成各项创业任务。而且不同学历的创业者表现出来的自我效能感的差距并不显著，这说明教育对于自我效能感的影响程度并不深。

表 7-17　不同学历水平的自我效能感对比分析

	自我效能感
大专及以下	4.01
本科及以上	3.99

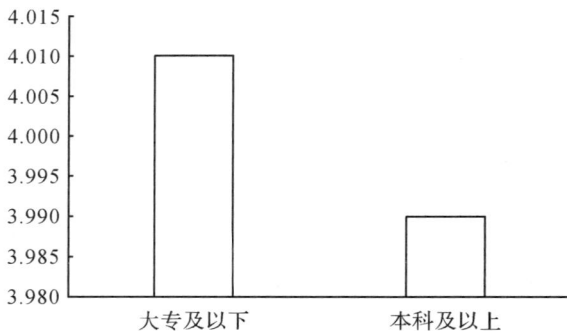

图 7-22　不同学历水平的创业者的自我效能感对比分析

7.3.4　基于创业动机的自我效能感对比分析

在对自我效能感进行基于创业动机的对比分析时，我们在剔除1 个拒绝回答的无效样本与 5 个不清楚自身创业动机的样本后，共收取有效样本 804 个，其中机会型创业者 463 个（57.59％），生存型创业者 196 个（24.38％），两者都有的 142 个（17.66％），其他 3 个（0.37％），如图 7-23 所示。

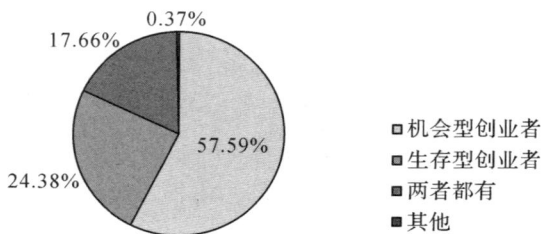

图 7-23　不同创业动机样本分布情况

在对浙江创业者自我效能感的调查当中（如表 7-18 与图 7-24

所示）发现，机会型创业者与生存型创业者均表现出较高的自我效能感，这代表有着不同创业动机的创业者都对自己从事的创业活动有着较强的信心，认为自己能够完成各项创业任务。 从图 7-24 可以看出，机会型创业者比生存型创业者表现出更高的自我效能感。创业自我效能感对创业者发现机会、组织资源、创立企业、获得成功至关重要，Poh-Kam Wong（2005）曾指出：拥有自我效能感高的个体拥有高的机会型创业倾向。

表 7-18　不同创业动机的自我效能感对比分析

	自我效能感
机会型创业者	4.03
生存型创业者	3.95

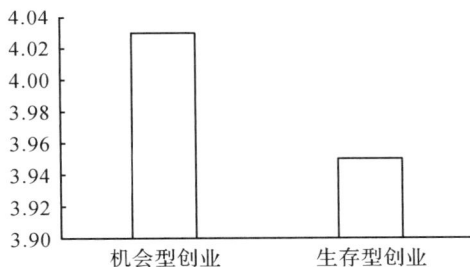

图 7-24　不同创业动机的创业者的自我效能感对比分析

7.3.5　基于年龄的自我效能感对比分析

在对自我效能感进行基于年龄的对比分析时，我们共收取有效样本 810 个，其中 18—24 岁的创业者 119 个（14.69%），25—34 岁的创业者 308 个（38.02%），35—44 岁的创业者 264 个（32.59%），45—64 岁的创业和 119 个（14.69%），如图 7-25 所示。

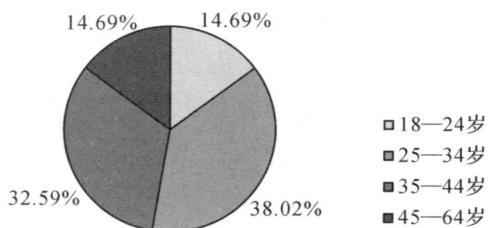

14.69% 14.69%

□ 18—24岁
▨ 25—34岁
■ 35—44岁
■ 45—64岁

32.59% 38.02%

图 7-25 不同年龄层样本的分布情况

注：上述数据为约数，存在部分误差，所以 4 个数加起来的和为 99.99%。

在对浙江创业者自我效能感的调查当中（如表 7-19 与图 7-26 所示）发现，各个年龄段的创业者均表现出较高的自我效能感，而且各个年龄段的创业者的自我效能感的均值差异不大，其中 18—24 岁年龄段的创业者表现出最高程度的自我效能感，25—34 岁的自我效能感最低，可见自我效能感与年龄呈微弱的倒 U 形关系。

表 7-19 不同年龄的创业者的自我效能感对比分析

	自我效能感
18—24 岁	4.09
25—34 岁	3.97
35—44 岁	3.98
45—64 岁	4.07

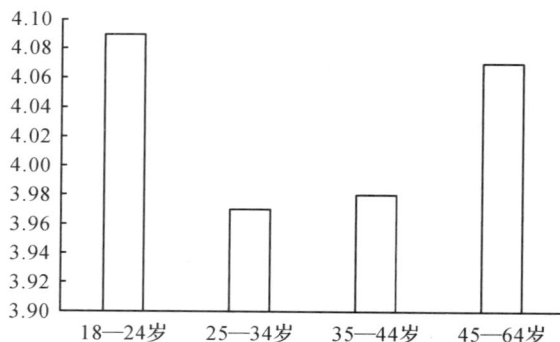

图 7-26 不同年龄的创业者的自我效能感对比分析

7.4 创业运营绩效

作为经济发展的基本推动力之一，创业活动在提供就业机会和提高生产效率上有着重要的作用，而且其与就业、经济产出有着密切的联系。在国家"双创"促进政策的号召下，我国的创业活动呈现出越来越活跃的态势，越来越多的人投入自主创业中。然而，在众多创业者群体当中，成功的案例仍然屈指可数。

创业企业的运营绩效是创业活动的关键变量，它是反映创业活动成果的重要指标。因此，对于创业企业的运营绩效的研究具有重要的理论和现实意义。本书采用李克特五点量表，通过实际投资回报率、销售增长、盈利能力和市场份额 4 个维度来测量初生创业者与已有创业者的运营绩效，涉及题项有 1UZB2 和 2UZB2，如表 7-20 所示。

表 7-20 运营绩效调查问卷

维度	问题	内容
运营绩效	1UZB2/ 2UZB2	实际投资回报率（1＝远低于同行企业……7＝远超过同行企业）
		销售增长（1＝远低于同行企业……7＝远超过同行企业）
		盈利能力（1＝远低于同行企业……7＝远超过同行企业）
		市场份额（1＝远低于同行企业……7＝远超过同行企业）

7.4.1 基于初生创业者与已有创业者的运营绩效对比分析

在对运营绩效进行基于初生创业者与已有创业者的对比分析时，我们共收取有效样本 821 个，其中初生创业者 543 个（66.14％）、已有创业者 278 个（33.86％），如图 7-27 所示。

在对浙江初生创业者和已有创业者关于运营绩效的调查当中

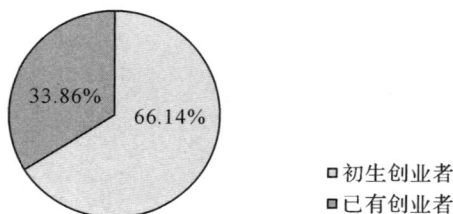

33.86% 66.14%

□ 初生创业者
■ 已有创业者

图 7-27   初生创业者与已有创业者的样本分布情况

（如表 7-21 与图 7-28 所示）发现，初生创业者和已有创业者的运营绩效得分均值均处于中上游水平，其中已有创业者的运营绩效得分均值大于初生创业者的运营绩效得分均值。 如表 7-22 与图 7-29 所示，在实际投资回报率、销售增长、盈利能力和市场份额这 4 个维度方面，初生创业者的得分均值均要低于已有创业者。 创业运营绩效受到多种因素的影响，对于已有创业者而言，他们创立企业的时间相比于初生创业者较长，可能已经拥有了一个相对成熟的创业团队、更多的财务资本与社会资本等创业资源，这使得已有创业者在运营绩效各维度上的得分均高于初生创业者。

表 7-21   初生创业者与已有创业者的运营绩效对比分析

	运营绩效
初生创业者	4.43
已有创业者	4.56

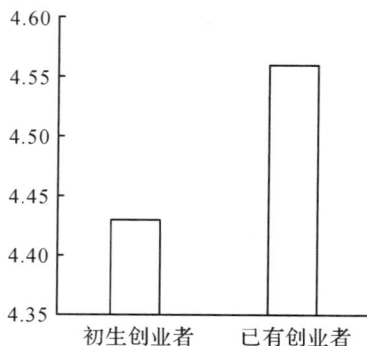

图 7-28   初生创业者与已有创业者的运营绩效对比分析

表 7-22 初生创业者与已有创业者的运营绩效(各维度)对比分析

	实际投资回报率	销售增长	盈利能力	市场份额
初生创业者	4.56	4.52	4.56	4.12
已有创业者	4.63	4.77	4.63	4.24

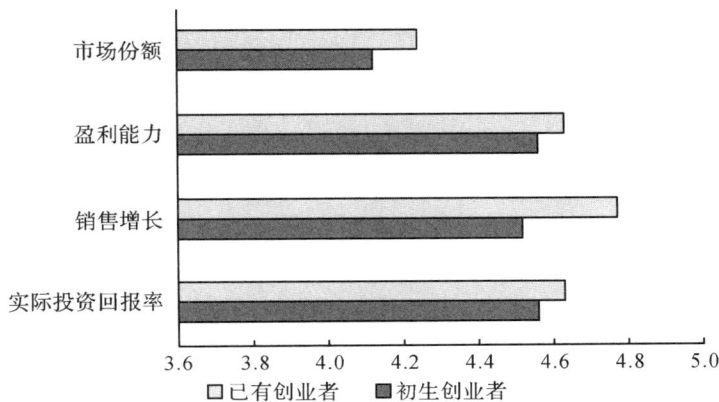

图 7-29 初生创业者与已有创业者的运营绩效(各维度)对比分析

7.4.2 基于团队创业与个人创业的运营绩效对比分析

对运营绩效进行基于团队创业与个人创业的对比分析时,我们在剔除 6 个不清楚企业所有权的无效样本及拒绝回答的 1 个样本后,共收取有效样本 802 个,其中个人创业者 121 个(15.09%),已有创业者 681 个(84.91%),如图 7-30 所示。

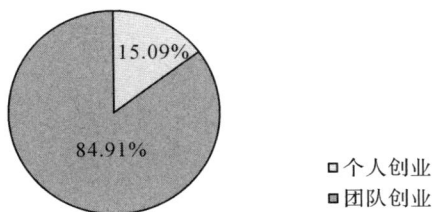

图 7-30 个人创业与团队创业的样本分布情况

在对浙江以个人和团队形式创业的创业者的调查当中(如表 7-

23 与图 7-31 所示）我们发现，团队创业和个人创业的运营绩效得
分均值均处于中上游水平，但是团队创业的运营绩效得分均值要高
于个人创业的运营绩效得分均值。 创业运营绩效受到多种因素的
影响，学者们一致认为，创业团队的有效合作，是提升新企业绩效
的重要途径；创业团队的有效合作可以使知识、技能和人力资本多
样化，使资金和社会网络等创业资源更充足，使新企业有能力完成
各项复杂的创业任务，有助于企业的生存与成长。

表 7-23　团队创业与个人创业的运营绩效对比分析

	运营绩效
个人创业	4.39
团队创业	4.48

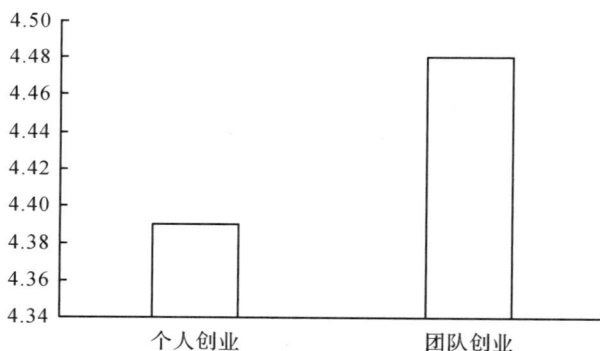

图 7-31　团队创业与个人创业的运营绩效对比分析

7.5　结　论

本章关注创业者的个体行为，从创业者的决策方式、创业认
同、自我效能感及运营绩效 4 个维度来展开分析，并基于创业者的
个体特征如性别、学历、年龄与动机等对创业者的行为进行深入分
析，得出的结论主要分为以下几个方面。

第一，对于决策方式的分析发现，不同阶段的创业者的效果推理与因果推理得分均值都较高，在 3.80 之上。因果推理得分均值均在 3.90 之上，整体水平高于效果推理得分均值，这说明对于浙江创业者而言，创业者决策仍偏向传统决策方式。同时，根据创业者所处的不同阶段，创业者表现出来的决策方式也有所不同，在创业初期，创业者会更倾向于采用效果推理进行决策，随着企业进入成熟阶段，创业者会更倾向于采用因果推理进行决策。

第二，对于创业认同的分析发现，从性别角度来看，男女性创业者的创业认同的得分均值都在 3.90 之上，男性创业者的创业认同得分均值要略高于女性创业者；从家族经商背景来看，相比于家族无经商背景的创业者，家族有经商背景特别是同辈中有经商背景的创业者的创业认同得分均值更高；从年龄来看，各个年龄层的创业者的创业认同的得分均值均在 3.90 之上，且无明显差距；从学历来看，不同学历层次的创业者的创业认同的得分均值均在 3.95 之上，且无明显差距；从创业动机上来看，初生创业者的创业认同的得分均值要高于已有创业者的创业认同均值。无论是初生创业者还是已有创业者，机会型创业者的创业认同水平要高于生存型创业者；其中基于生存型创业的已有创业者表现出了最低的创业认同水平；从行业来看，各行业的创业者的创业认同的得分均值均在 3.50 之上，其中在科学研究和技术服务业创业的创业者表现出了最高的创业认同水平，均值为 4.25，在电力、热力、燃气及水生产和供应业创业的创业者表现出了最低的创业认同水平，均值为 3.54。

第三，对于自我效能感的得分分析发现，初生创业者与已有创业者的自我效能感的得分均值都在 3.90 之上，但初生创业者的自我效能感的得分均值要高于已有创业者；从性别来看，男女性创业者的自我效能感的得分均值都在 3.95 之上，但男女性创业者的自我效能感的得分均值并无较大差异；从学历来看，不同学历的创业者的自我效能感的得分均值都在 3.95 之上，但并无较大差异；从创业动机来看，机会型创业者与生存型创业者的自我效能感的得分均值都较高，在 3.95 之上，但机会型创业者的自我效能感水平要高于生存型创业者。 从年龄来看，自我效能感与年龄之间呈微弱的倒 U 形关系。

第四，对于创业运营绩效的分析得出，初生创业者与已有创业者的运营绩效的得分均值都较高，在 4.40 之上，其中已有创业者比初生创业者表现出更高的运营绩效水平；团队创业与个人创业的运营绩效的得分均值都较高，其中团队创业比个人创业表现出更高的运营绩效水平。

第8章 创业与幸福感

　　经济发展曾以严格的财务指标来衡量，如单位 GDP，但是这仅仅代表了经济发展的一个方面。在创业领域，研究者多用生存、成长、利润等客观指标来评价创业成败（Parasuraman et al，1996），较少从创业者的主观感受这一角度理解创业成败。即研究者更关注创业者"飞得多高"，极少关心创业者"飞得多累"，这不仅缺少对创业过程中幸福感来源与结果的理解，默认创业决策都是经济导向这一前提，也很难系统解释创业者情绪与创业决策的"反复无常"。

　　幸福感研究最先起源于哲学领域（Wilson，1967），哲学家主要从快乐论（Hedonism）和实现论（Eudaimonism）2 个视角提出幸福感的概念的相关理论（Ryan et al.，2001）。幸福感不仅会影响个体的认知、行为等（Kesebir et al.，2008），还会影响社会进步与经济发展。当幸福感被引入创业领域时，幸福感为解释创业成败提供了新的视角。Eden 早在 20 世纪 70 年代就洞悉了创业过程中幸福感的重要价值，并提出"创业者和雇员是否体验到不同的幸福感是一个值得探讨的问题"。创业过程中的幸福感（以下简称"创业幸福感"）强调在创业过程中创业者的情感体验、认知判断等（Hahn et al，2012；Zhang et al，2016）。虽然创业者在创业过程中需要面临收入来源、创业结果的不确定性、创业风险和大量的工作责任、过多的工作和家庭压力（Thompson et al，1992；Volery et al.，2010；Uy et al，2013），但创业活动的高自主性、任务多样性和独立性等特点仍会给创业者带来不同程度的幸福感

（Schjoedt, 2009；Binder et al., 2013；Dawson, 2017）。 从创业实践来看，创业幸福感是解释一些有趣的创业现象或问题的重要突破口。 创业活动充满不确定性，即具有高失败率等特点（Thompson et al, 1992；Parasuraman et al, 1996；Shepherd et al., 2009；Uy et al, 2013），但为什么有的创业者在创业失败后，会重整旗鼓，继续创业？ 而有的创业者却在事业巅峰，选择偃旗息鼓，功成身退？ 幸福感在创业生态系统中扮演什么角色？这些有趣的创业现象、研究问题需要创业幸福感的相关研究给予解释与解答。

创业幸福感不仅部分解释了"尽管多数创业以失败告终，但创业者仍前赴后继"的现象，还为我们理解了"除财务受益与心智成长，创业还可以为创业者带来哪些受益或体验"提供了新的视角。目前，国外研究多集中于比较创业者与雇员幸福感的多寡（Schjoedt, 2009；Binder et al., 2013），相比之下，国内关于创业幸福感的研究才刚刚兴起。 2017 年，创业领域知名期刊 *Journal of Business Venturing* 推出特辑 "创业与幸福感"（Entrepreneurship & Well-being），这预示着对创业幸福感的研究是一个待挖的"深矿"。

对于创业与幸福感的测量，全球创业观察 2013 年报告首次将创业指数与幸福感结合起来进行研究，新的测量指标涉及个体对当前的工作满意度、工作与生活的平衡、主观幸福感及创业框架条件与幸福感。 基于全球创业观察 2013 年报告中的内容，本部分也从 4 个维度出发，测量浙江创业者的创业与幸福感，具体为工作满意度、工作—生活平衡、主观幸福感、幸福的宏观环境。

8.1 工作满意度

工作满意度（Job Satisfaction）的概念源于霍桑实验研究的启

示，是指员工从工作中产生某种满意的感受或者获得某种程度的满足。 Hoppock（1935）发表了第一篇有关工作满意度的研究报告，并提出工作满意度是对工作情景的主观反映，其本质是员工对工作的一种态度。 之前，针对工作满意度的研究大多以受雇者为研究对象（Gazioglu et al. ，2006；Judge et al. ，2002；Lonher et al. ，1985），而关于创业者的工作满意度的研究较少，且研究对象主要为发达国家的创业者。 关于创业者工作满意度的国外研究（Benz et al. ，2008；Blanchflower et al. ，1998；Bradley et al. ，2004；Hundley，2001；Millan et al. ，2013；Seva et al. ，2016）均表明，创业者的工作满意度要高于受雇者，且创业者的工作满意度除了受到个人的风险偏好、人格特质等因素影响外，收入被普遍认为是一个重要的影响因素。 此外，工作的自主性也会给创业者的工作满意度带来正向的影响（Bradley et al. ，2004；Hamilton，2000；Hundley，2001；Lange，2012）。 创业者比受雇者拥有更强的工作独立性和灵活性，因此其工作满意度也可能会更高。

浙江有着浓厚的创业氛围与悠久的创业传统，蓬勃发展的创业活动有力地促进了浙江经济的发展，研究浙江创业者群体的工作满意度及影响因素，对于有关决策部门制定鼓励创业等相关政策具有重要的参考价值。 本书根据不同的标准将调查对象分为各种类型，再观察浙江创业者的工作满意度。

之前各种研究对工作满意度的测量，其中的问题改编自欧盟委员会自 2011 年以来对 GEM 项目所要求的一系列问题，主要从单维和多维 2 个角度进行，本部分问卷结合了单维与多维这 2 个角度，设计了 5 道题目，再采用李克特五点量表对工作满意度进行测量。其中，单维是指把工作满意度看为一个整体，即对工作本身持有满意态度或者不满意态度，设有题项 5EF4；多维是只把工作满意度视为工作中的不同部分，以便单独测量，设有题项 5EF1，5EF2，5EF3，5EF5，如表 8-1 所示。

表 8-1　工作满意度调查问卷

维度	问题	内容
工作满意度	5EF1	我能够自主决定如何着手开展自己的工作（1＝非常不同意……5＝非常同意）
	5EF2	我所做的工作对于我来说是有意义的（1＝非常不同意……5＝非常同意）
	5EF3	在工作中,我没有太多的压力（1＝非常不同意……5＝非常同意）
	5EF4	我满意现在的工作（1＝非常不同意……5＝非常同意）
	5EF5	我满意从当前工作中获得的收入（1＝非常不同意……5＝非常同意）

8.1.1　基于创业者与非创业者的工作满意度对比分析

在对工作满意度进行基于创业者和非创业者的对比分析中，我们共收取有效样本 1620 个，其中创业者 765 人（47.22％），非创业者 855 个（52.78％），如图 8-1 所示。

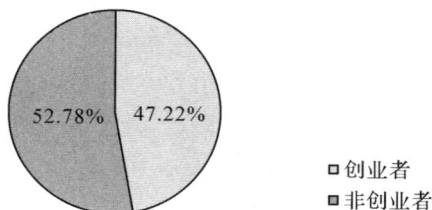

52.78%　47.22%

□创业者
■非创业者

图 8-1　创业者与非创业者的样本分布情况

如表 8-2 与图 8-2 所示，在被访问的创业者与非创业者当中，创业者比非创业者表现出更高的工作满意度，且差距显著。 根据已有研究，创业者除了通常能获取比非创业者更高的收入外，他们之所以创业还因为能够获得非收入方面的收益，比如工作自主性等。 在创业过程中，创业者可以自主决定工作量、工作进度和工作内容等，所以与受雇者相比较而言，他们对工作会更为满意，这种由自主性所带来的工作满意度的提升可能比收入因素更为重要

（Bens et al.，2008；Croson et al.，2012）。

表 8-2　创业者与非创业者的工作满意度对比分析

	工作满意度
创业者	3.72
非创业者	3.43

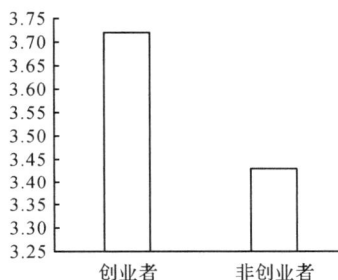

图 8-2　创业者与非创业者的工作满意度对比分析

8.1.2　基于性别的工作满意度对比分析

在对工作满意度进行基于性别的对比分析中，我们共收取有效样本 763 个，其中男性创业者 392 人（51.38％），女性创业者 371人（48.62％），如图 8-3 所示。

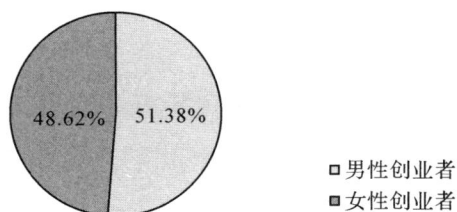

图 8-3　不同性别样本的分布情况

如表 8-3 与图 8-4 所示，在被访谈的创业者当中，男性与女性的创业者均表现出较高的工作满意度，其中男性创业者比女性表现出更高的工作满意度，但两者差距并不大。 根据既有研究，如Hulin et al.（1965）研究发现，女性雇员比男性雇员的工作满意度低一些。 他们认为，并非性别本身影响了工作满意度，而是那些与性别有共变关系的变量在对工作满意度产生影响，诸如工资水平、工作层次、发展机会等等。 在 Maynard（1986）对 338 名员工工作满意度与支持网络满意感的研究中发现，性别差异并不显著。袁凌（2006）也对性别因素进行了研究，发现男性教师在薪资待遇、进修提升和领导管理方面的满意度显著地低于女性教师。

表 8-3　不同性别创业者的工作满意度对比分析

	工作满意度
男性	3.72
女性	3.70

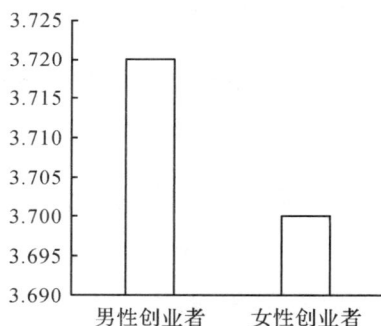

图 8-4　不同性别创业者的工作满意度对比分析

8.1.3　基于创业动机的工作满意度对比分析

在对工作满意度进行基于创业动机的对比分析中，我们共收取有效样本 771 个，其中机会型创业者 442 人（57.33％），生存型创业者 189 个（24.51％），两者都有的 140 个（18.16％），如图8-5 所示。

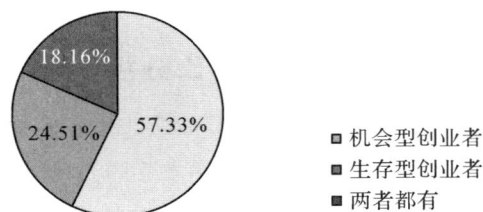

图 8-5　不同创业动机的创业者的样本分布情况

　　如表 8-4 与图 8-6 所示，在被访谈的创业者当中，机会型创业者与生存型创业者的工作满意度得分均值都较高，处于中上游水平，这说明在浙江创业的创业者对自己正在从事的职业有着较高的满意度。但机会型创业者的工作满意度的得分均值要高于生存型创业者。根据既有研究，与受雇者相比较而言，生存型创业者与机会型创业者的工作满意度均较高，且机会型创业者比生存型创业者的工作满意度更高，而无论是哪一类创业者，收入与自主性均为影响其工作满意度的重要因素。与生存型创业者相比较而言，机会型创业者更高的工作满意度并不能完全被个人收入与工作自主性这两方面的因素所解释，可能还有来自其他方面的因素，比如个人价值观与性格特质（胡枫，2017）。

表 8-4　不同创业动机的创业者的工作满意度对比分析

	工作满意度
机会型创业	3.74
生存型创业	3.60

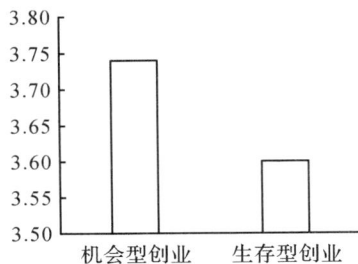

图 8-6　不同创业动机的创业者的工作满意度对比分析

8.1.4 基于学历的工作满意度对比分析

在对工作满意度进行基于学历的对比分析中，我们在剔除 4 个拒绝回答的无效样本后，共收取有效样本 759 个，其中学历为初中及以下的创业者 51 人（6.72％），学历为高中/中专/大专的创业者 327 个（43.08％），学历为本科及硕士的创业者 381 个（50.20％），如图 8-7 所示。

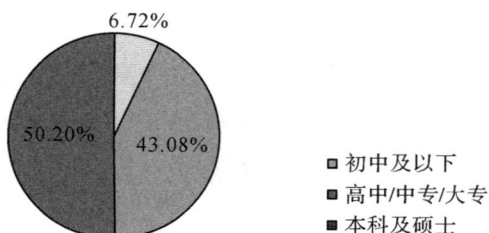

图 8-7 不同学历水平的创业者的样本分布情况

如表 8-5 与图 8-8 所示，在被访谈的创业者当中，各层次学历的创业者的工作满意度均较高，处于中上游水平，而且创业者的工作满意度随着学历的提高而提高。 在非创业领域，根据既有研究，如 Vollmer et al.（1955）研究发现，员工的学历越高越容易导致对工作的不满意；Terry et al.（2001）的研究结论是，学历在对工作、报酬、升迁、管理者及同事的满意度及总体工作满意度上的影响都有显著差异。

表 8-5 不同学历水平的创业者工作满意度对比分析

	工作满意度
初中及以下	3.66
高中/中专/大专	3.70
本科及硕士	3.72

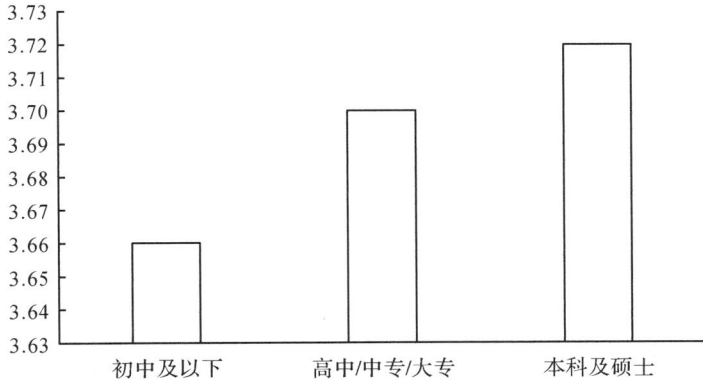

图 8-8 不同学历水平的创业者的工作满意度对比分析

8.1.5 基于城镇与农村的创业者的工作满意度对比分析

在对工作满意度进行基于城乡的对比分析中，我们共收取有效样本 765 个，其中在城镇进行创业的创业者 523 人（68.37%），在农村进行创业的创业者 242 个（31.63%），如图 8-9 所示。

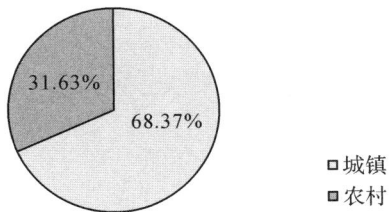

图 8-9 城镇创业者与农村创业者的样本分布情况

如表 8-6 与图 8-10 所示，在被访谈的创业者当中，在城镇和在农村创业的创业者的工作满意度都较高，处于中上游水平。其中，在农村的创业者的工作满意度的得分均值要高于在城镇的创业者。这可能与农村地区的非农受雇工作的工资较低及无相应的工作保障等有关（Zhang et al., 2006）。

表 8-6　城镇创业者与农村创业者的工作满意度对比分析

	工作满意度
城镇创业者	3.70
农村创业者	3.76

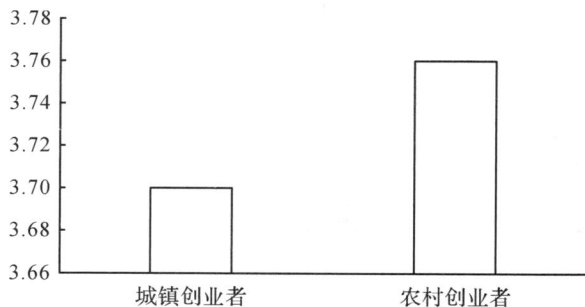

图 8-10　城镇创业者与农村创业者的工作满意度对比分析

8.1.6　基于年龄的工作满意度对比分析

在对工作满意度进行基于年龄的对比分析中，我们共收取有效样本 765 个，其中 18—24 岁的创业者 101 人（13.20％），25—44 岁的创业者 555 人（72.55％），45—64 岁的创业者 109 人（14.25％），如图 8-11 所示。

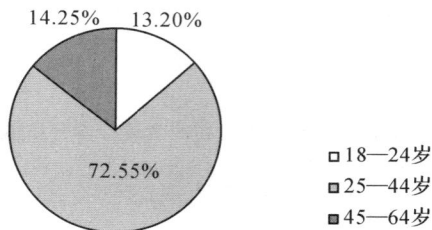

图 8-11　不同年龄层次的创业者的样本分布情况

如表 8-7 与图 8-12 所示，在被访谈的创业者当中，不同年龄阶段的创业者的工作满意度的得分均值都较高，处于中上游水平。但是根据数据显示，随着年龄的增加，创业者的工作满意度呈逐步下降的趋势。 在非创业领域，根据既有研究，关于年龄与工作满意度的关系，大致有 3 种观点：第一种观点，Herzberg（1957）等学者提出，年龄与工作满意度呈 U 形关系；第二种观点认为，工作满意度与年龄呈线性关系，即当年龄增加的时候，工作满意度也随之提高。 第三种观点认为，工作满意度和年龄基本上是呈正向线性关系的，而后到某个阶段时开始逐步下降。

表 8-7　不同年龄层次的工作满意度对比分析

	工作满意度
18—24 岁	3.76
25—44 岁	3.72
45—64 岁	3.66

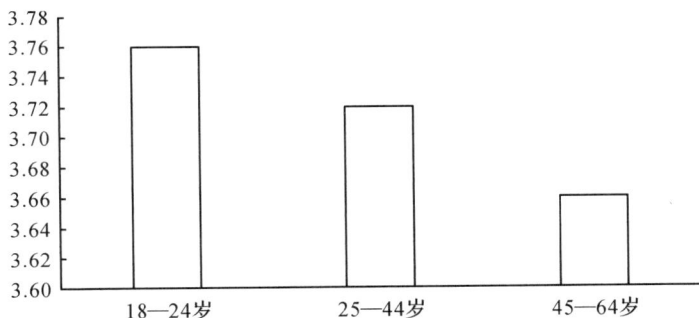

图 8-12　不同年龄层次的创业者的工作满意度对比分析

8.2　工作—生活平衡度

在日常生活中，工作与生活平衡这一词语经常被提及，其首次进入学术研究视角是在 1986 年。 早先研究者对工作生活关系界面的研究局限于工作家庭方面，直到 20 世纪 90 年代，研究者们才意识到员工非工作领域不仅包括家庭生活，同时也包括其他活动。

至此，研究者们才把研究视角从工作家庭领域转移到范畴更广的工作生活领域。工作—生活平衡度是衡量心理健康的一个重要组成部分（Blustein，2008）。Clark（2000）将"工作—生活平衡"定义为以最小的角色冲突达到工作和生活的满意状态。Duxbury et al.（2003）认为，"工作—生活平衡"是"来自一个人的工作和生活的需求是等量的一种均衡状态"。对工作与生活平衡的满意度被定义为"通过评估一个人在满足工作和家庭角色需求方面的成功程度而产生的总体满意度"（Valcour，2007）。通过关注对工作和个人生活管理方式的总体满意度，考虑到个人之间工作或家庭生活的重要性不同及私人生活包含的不仅仅是家庭角色这一事实（Abendroth et al.，2011）。

以往的研究多以受雇者为研究对象，当前，研究者越来越关注创业者的工作—生活平衡度。创业是一种风险投资行为，创业过程中存在各种风险和不确定性。由于个体能力及资源的限制，创业者有时无法应对创业过程中的困难和威胁，会产生创业压力（Boyd，1983），主要表现为创业者需要工作更长的时间并且承担更多的责任（Hyytinen et al.，2013），这自然减少了创业者放松和学习充电的时间，因而让创业者难以达到工作与生活的平衡。

对工作—生活平衡度的测量，本书使用五点李克特量表将Valcour（2007）的原始量表改为 3 个问题，分别为 5EG1，5EG2 和 5EG3，如表 8-8 所示。

表 8-8　工作—生活平衡度调查问卷

维度	问题	内容
工作—生活平衡度	5EG1	我对于工作和私人生活之间的时间分配很满意（1＝非常不同意……5＝非常同意）
	5EG2	我对于我平衡工作和私人/家庭生活的能力很满意（1＝非常不同意……5＝非常同意）
	5EG3	我能够在做好工作的同时尽到对家庭相关的责任（1＝非常不同意……5＝非常同意）

8.2.1 基于创业者与非创业者的工作—生活平衡度对比分析

在对工作—生活平衡度进行基于创业者和非创业者的对比分析中，我们共收取有效样本 1621 个，其中创业者 765 人（47.19％），非创业者 856 人（52.81％），如图 8-13 所示。

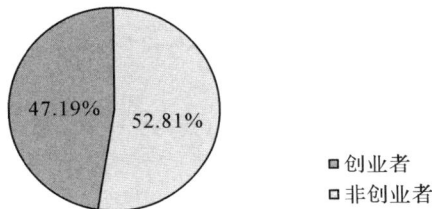

图 8-13 创业者与非创业者的样本分布情况

如表 8-9 与图 8-14 所示，在被访谈的人中，创业者和非创业者都表现出相对较高的工作—生活平衡度，但创业者的工作—生活平衡度的得分均值要高于非创业者的工作—生活平衡度。 Mohit（2018）曾指出，如今许多年轻的企业家开始谈论"工作家庭和谐"，他们注重的是时间的质量（而不仅是数量），并将这些时间合理地分配给生活中的关键部分，实现作为伴侣、家长和企业家的责任和抱负。

表 8-9 创业者与非创业者的工作—生活平衡度对比分析

	工作—生活平衡度
创业者	3.72
非创业者	3.45

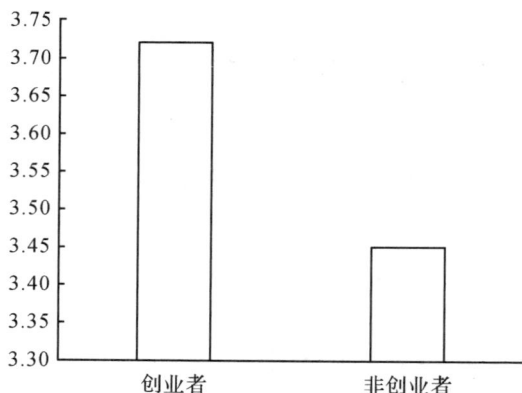

图 8-14　创业者与非创业者的工作—生活平衡度对比分析

8.2.2　基于性别的工作—生活平衡度对比分析

在基于性别对工作—生活平衡度进行对比分析中，我们共收取有效样本 763 个，其中男性创业者 392 人（51.38%），女性创业者 371 人（48.62%），如图 8-15 所示。

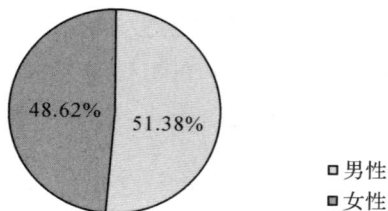

图 8-15　不同性别创业者的样本分布情况

如表 8-10 与图 8-16 所示，在被访谈的创业者当中，男性创业者与女性创业者都表现出相对较高的工作—生活平衡度。 但男性创业者的工作—生活平衡度的得分均值要高于女性创业者的工作—生活平衡度。 角色冲突理论认为，由于个体所拥有的时间、精力和能力等资源表现为一定的稀缺性，一种角色责任的履行可能会影响到另一个或多个其他角色责任的履行。 女性在创业过程当中也需要承担照顾家庭的责任，因此会牺牲自己在工作上或者休闲的时

间，相比于男性而言，会出现一定程度上的工作—生活失衡（欧阳
艳玲，2014）。

表 8-10　不同性别创业者的工作—生活平衡度对比分析

	工作—生活平衡度
男性	3.74
女性	3.71

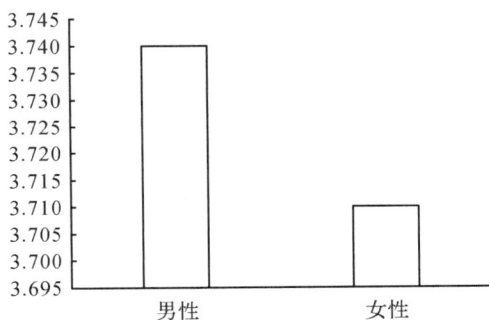

图 8-16　不同性别创业者的工作—生活平衡度对比分析

8.3　主观幸福感

创业能提高创业者的主观幸福感吗？这个问题在欧美发达国
家已得到论证。巴布森商学院发布的《2013 全球创业观察》
（*Global Entrepreneurship Monitor*）中指出：整体而言，选择创业
的人最终比没有选择创业的人更有可能认为自己的生活"非常好"
或"接近完美"，且创业者对自己的幸福打分是其他群里的 2 倍。
盖洛普健康福利调查指数（Gallup-Healthways Well-being Index）
通过收集 2010—2016 年的 6 万份样本，在控制了年龄、性别、教
育程度、收入等变量的前提下，发现自我雇佣者的主观幸福感明显
高于就业者。

幸福感的研究最先起源于哲学领域（Wilson，1967；Chekola，1974），哲学家主要从快乐论（Hesonism）和实现论（Eudaimonism）2 个视角提出幸福感的概念与相关理论（Ryan et al.，2001）。其中，主观幸福感是基于快乐论的，其是指个体的情感体验与生活评价（Diener et al.，1999），包括整体的生活满意度（Global Life Satisfaction）、积极情感（Positive Affect）和消极情感（Negative Affect）3 个方面（Diener，1984；Ryan et al.，2001；Shir，2015）。

本部分对主观幸福感的测量采用了由 Ed Diener，Robert A. Emmons，Randy J. Larsen 和 Sharon Griffin 开发的"生活满意度量表"（Pavot et al.，2008），这是一种旨在衡量个人生活满意度的全球认知判断工具。主观幸福感的测量使用李克特五点量表，涉及 5 个题项，为 5G1，5G2，5G3，5G4 和 5G5，如表 8-11 所示。

表 8-11　主观幸福感调查问卷

维度	问题	内容
主观 幸福感	5G1	大多数情况下,我的生活与我的理想相接近(1＝非常不同意……5＝非常同意)
	5G2	我的生活状况非常好(1＝非常不同意……5＝非常同意)
	5G3	我对我的生活很满意(1＝非常不同意……5＝非常同意)
	5G4	迄今为止,我已经得到我在生活上希望拥有的重要东西(1＝非常不同意……5＝非常同意)
	5G5	如果我的生活能够重新来过,基本上我不想改变任何东西(1＝非常不同意……5＝非常同意)

8.3.1　基于创业者与非创业者的主观幸福感对比分析

在对主观幸福感进行基于创业者和非创业者的对比分析中，我们共收取有效样本 1621 个，其中创业者 765 人（47.19%），非创业者 856 人（52.81%），如图 8-17 所示。

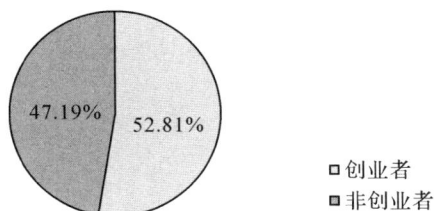

图 8-17 创业者与非创业者的样本分布情况

如表 8-12 和图 8-18 所示，在被访谈的人员当中，创业者展现出了较高的主观幸福感。创业者的主观幸福感的得分均值要显著高于非创业者的主观幸福感。创业影响创业者主观幸福感的途径主要有货币回报途径与非货币回报途径。第一，创业可以通过增加创业者的收入进而提高其主观幸福感（Berglann et al，2013；Stevenson and Wolfers，2008）；第二，创业使创业者能够更好地支配自己的工作（Hyytinen et al, 2013），满足自我掌控和自我支配的意愿（Hamilton，2000）；第三，创业者通常都是乐观主义者，具有让自身不断成长、富有创造性和被需求的内在动力，相信努力拼搏将会带来成功（范良聪等，2008）。创业者在创业过程中通常会对当前和未来有较高的期望，进而转化为积极主动的工作动力，同时产生较强的成就感，这些又进一步增强了主观幸福感。

表 8-12 创业者与非创业者的主观幸福感对比分析

	主观幸福感
创业者	3.52
非创业者	3.12

8.3.2 基于创业动机的主观幸福感对比分析

在对主观幸福感进行基于创业动机的对比分析中，我们在剔除不清楚自身创业动机的 5 个无效样本及拒绝回答的一个无效样本后，共收取有效样本 819 个，其中机会型创业者 470 人（57.39％），生存型创业者 199 人（24.30％），两者都有 147 人

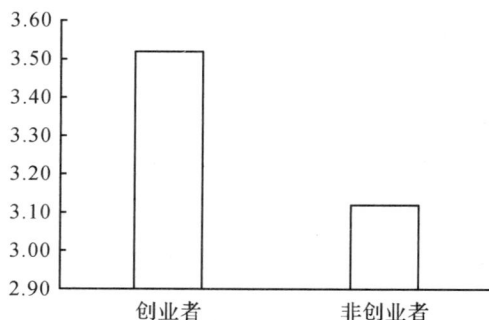

图 8-18　创业者与非创业者的主观幸福感对比分析

（17.95％），其他 3 人（0.37％），如图 8-19 所示。

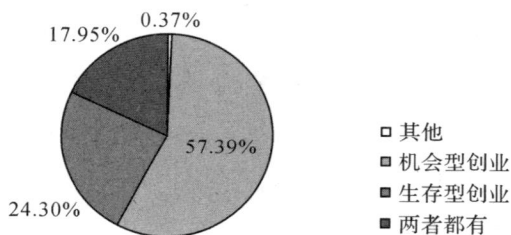

图 8-19　不同创业动机的创业者的样本分布情况

注：上述数据为约数，存在部分误差，所以 4 个数加起来的和为 100.01％。

　　如表 8-13 与图 8-20 所示，在被访谈的创业者当中，机会型创业者和生存型创业者均展现出较高的主观幸福感。机会型创业者的主观幸福感的得分均值要高于生存型创业者。有研究指出，机会型创业者倾向在创业过程中把握市场机遇，实现自身理想和目标，而并非单纯追求财务回报，因而机会型创业者在自我接受、自我实现、人格成长、社会认同等方面能获得更多的成就感，从而能提高创业者的主观幸福感。

表 8-13　不同创业动机的创业者的主观幸福感对比分析

	主观幸福感
机会型创业	3.55
生存型创业	3.41

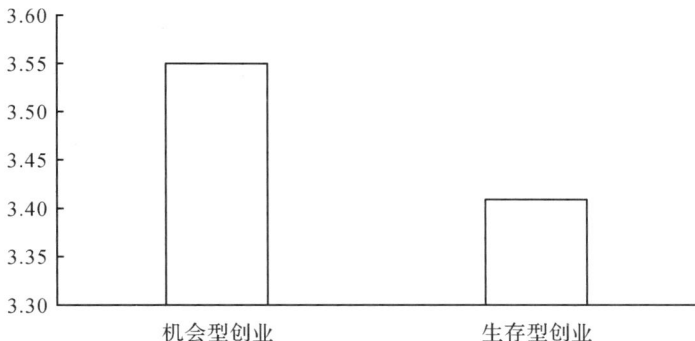

图 8-20 不同创业动机的创业者的主观幸福感对比分析

8.3.3 基于性别的主观幸福感对比分析

在对主观幸福感进行基于性别的对比分析中，我们共收取有效样本 810 个，其中男性创业者 415 个（51.23%），女性创业者 395 人（48.77%），如图 8-21 所示。

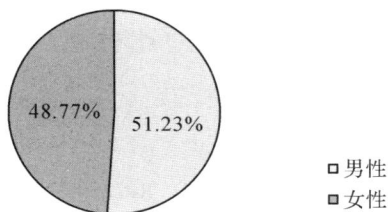

图 8-21 不同性别创业者的样本分布情况

如表 8-14 与图 8-22 所示，在被访谈的创业者当中，男性创业者和女性创业者均展现出了较高的主观幸福感水平。女性创业者的主观幸福感的得分均值要高于男性创业者。受传统观念的影响，我国一直保持着"男主外女主内"的家庭分工模式，女性一直被认为以服务家庭为重，应花费更多的精力在家庭中，角色定位往往低于男性，这在一定程度上阻碍了女性实现自身价值，而创业改变了这种角色定位，因此，相对于男性，女性一旦进入创业市场，在创业过程中实现自身价值时，创业所带来的心理满足程度更强，主观幸福感提升幅度更大（马良等，2018）。

表 8-14　不同性别创业者的主观幸福感对比分析

	主观幸福感
男性	3.50
女性	3.54

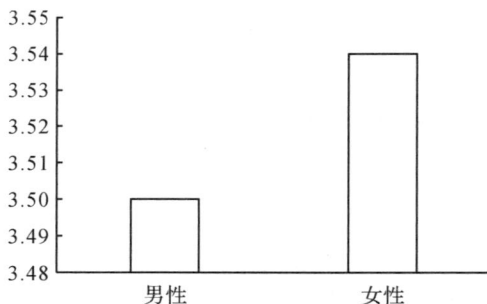

图 8-22　不同性别创业者的主观幸福感对比分析

8.3.4　基于年龄的主观幸福感对比分析

在对主观幸福感进行基于年龄的对比分析中，我们共收取有效样本 812 个，其中 18—34 岁的创业者 429 个（52.83％），35—64 岁的创业者 383 个（47.17％），如图 8-23 所示。

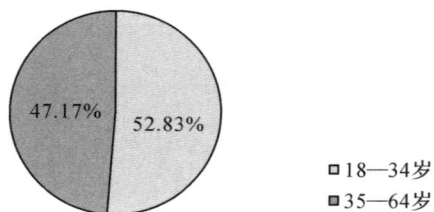

图 8-23　不同年龄层次创业者的样本分布情况

如表 8-15 与图 8-24 所示，在被访谈的创业者当中，各个年龄层次的主观幸福感的得分均值都在 3.50 之上，而且差异并不显著。

表 8-15　不同年龄层次的创业者的主观幸福感对比分析

	主观幸福感
18—34 岁	3.50
35—64 岁	3.54

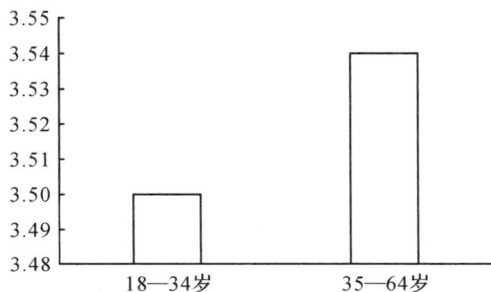

图 8-24　不同年龄层次的创业者的主观幸福感对比分析

8.3.5　基于学历的主观幸福感对比分析

在对主观幸福感进行基于学历的对比分析中，我们在剔除拒绝回答的 4 个样本后，共收取有效样本 806 个，其中学历为高中/中专/初中及以下的创业者 195 个（24.19%），学历为大专的创业者 214 个（26.55%），学历为本科及以上的创业者 397 个（49.26%），如图 8-25 所示。

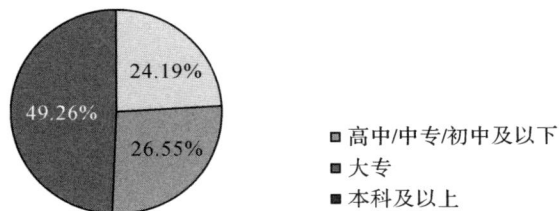

图 8-25　不同学历水平的创业者样本分布情况

如表 8-16 与图 8-26 所示，在被访谈的创业者当中，拥有不同教育背景的创业者都表现出了较高的主观幸福感水平。另外，通过图 8-26 可以很直观地看出，创业者的主观幸福感的得分均值随着学历的提升而增加。

表 8-16　不同学历水平创业者的主观幸福感对比分析

	主观幸福感
高中/中专/初中及以下	3.45
大专	3.52
本科及以上	3.54

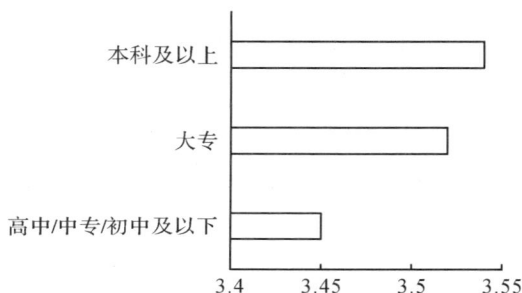

图 8-26　不同学历水平的创业者主观幸福感对比分析

8.3.6　基于不同地区的主观幸福感对比分析

在对主观幸福感进行基于不同地区的对比分析中，我们共收取有效样本 812 个，其中来自杭州的创业者 124 个（15.27％），来自宁波的创业者 107 个（13.18％），来自温州的创业者 114 个（14.04％），来自绍兴的创业者 64 个（7.88％），来自湖州的创业者 43 个（5.30％），来自嘉兴的创业者 57 个（7.02％），来自金华的创业者 87 个（10.71％），来自衢州的创业者 44 个（5.42％），来自台州的创业者 98 个（12.07％），来自丽水的创业者 56 个（6.90％），来自舟山的创业者 18 个（2.22％），如图 8-27 所示。

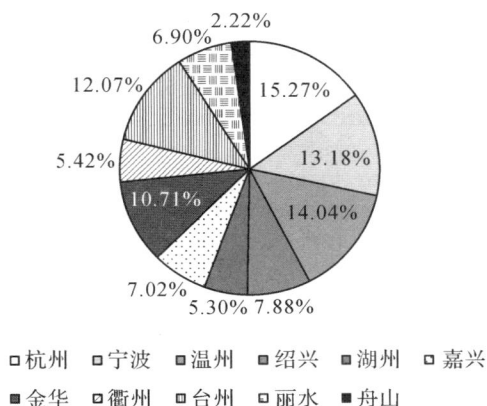

2.22%
6.90%
12.07%
15.27%
13.18%
5.42%
14.04%
10.71%
7.02%
5.30% 7.88%

□杭州　□宁波　☒温州　■绍兴　▨湖州　□嘉兴
■金华　▨衢州　□台州　□丽水　■舟山

图 8-27　不同地区的创业者的样本分布情况

注：上述数据为约数，存在部分误差，所以上述 11 个百分数加总后为 100.01%。

如表 8-17 与图 8-28 所示，我们在对浙江创业者的主观幸福感的调查中发现，创业者的主观幸福感整体上处于中上游水平，丽水创业者的主观幸福感的得分均值最高，而绍兴创业者的主观幸福感的得分均值最低。

表 8-17　不同地区创业者主观幸福感的对比分析

地区	主观幸福感	地区	主观幸福感
绍兴	3.44	湖州	3.58
嘉兴	3.46	舟山	3.59
金华	3.46	衢州	3.59
温州	3.46	宁波	3.61
台州	3.52	丽水	3.62
杭州	3.56		

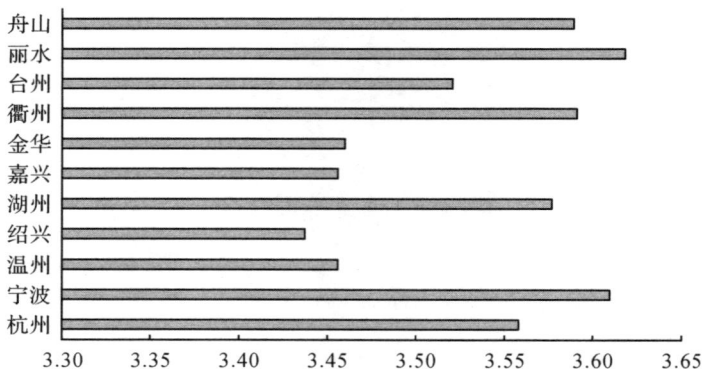

图 8-28　不同地区创业者主观幸福感的对比分析

8.4　幸福的宏观环境

根据 GEM（2013）的研究显示，宏观环境与创业者幸福感之间存在正向但微弱的关系，创业者感知到的幸福感会随着经济发展水平的提高而不断提高。本书对幸福的宏观环境的测量涉及 4 个题项，为 5H1，5H2，5H3 和 5H4，如表 8-18 所示。

表 8-18　幸福的宏观环境调查问卷

维度	问题	内容
幸福的宏观环境	5H1	在我们当地,外部环境条件(经济、社会、政治和文化)使得人们可以很好地协调个人生活和工作之间的关系
	5H2	在我们当地,现有的制度规则有助于人们很好地协调个人生活和工作之间的关系
	5H3	在我们当地,相对于非企业家,企业家对于他们的工作更满意
	5H4	在我们当地,相对于非企业家,企业家对于他们的个人生活更满意

在对创业框架条件与幸福感进行基于各地区的对比分析中，我们共收取样本情况与 8.3.6 基于不同地区的主观幸福感对比分析的

一样，具体如图 8-27 所示。

在对浙江的创业框架条件与幸福感的调查中（如表 8-19 与图 8-29 所示）我们发现，杭州、宁波、湖州、台州和舟山在幸福的宏观环境条件方面的得分较高，其中湖州的得分均值最高，这说明这些地区的政治、经济、文化及制度环境极大地支持了创业者开展自己的事业。而温州、嘉兴、绍兴、金华、衢州和丽水在幸福的宏观环境方面的得分较低。

表 8-19　不同地区幸福的宏观环境对比分析

地区	幸福的宏观环境	地区	幸福的宏观环境
嘉兴	3.55	杭州	3.73
绍兴	3.60	台州	3.78
金华	3.64	舟山	3.79
衢州	3.64	宁波	3.79
丽水	3.64	湖州	3.88
温州	3.64		

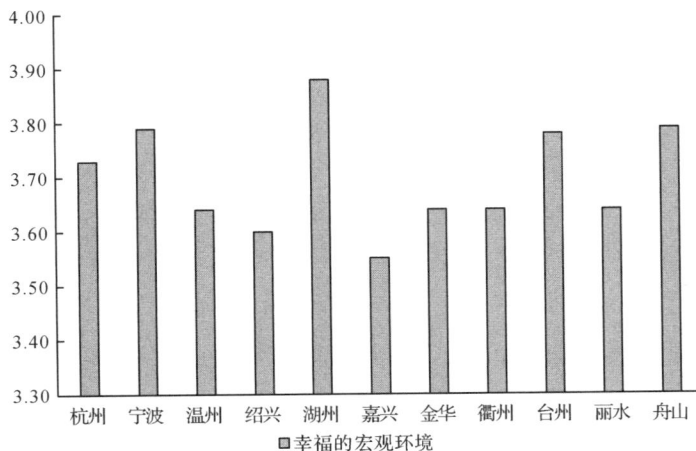

图 8-29　不同地区创业者的幸福的宏观环境对比分析

8.5　结　论

　　本章关注创业者的幸福感，从创业者的工作满意度、工作—生活平衡度、主观幸福感与幸福的宏观环境 4 个维度来展开分析，并基于创业者的个体特征，如性别、学历、年龄与动机等对创业者的幸福感进行深入分析，得出的结论主要分为以下几个方面。

　　第一，对于创业者的工作满意度的分析得出，创业者比非创业者表现出更高的工作满意度，且差距显著，创业在收入及工作自主性方面给创业者带来的满足感会使创业者提高其工作满意度；从性别上来看，男性和女性创业者的工作满意度得分均值都在 3.70 及以上，男性创业者的工作满意度的得分均值要略高于女性创业者，但是差距并不显著；从创业动机上来看，机会型创业者与生存型创业者的工作满意度的得分均值都在 3.60 及以上，前者工作满意度的得分均值要高于后者，差距较显著；从学历来看，不同学历的创业者的工作满意度的得分均值都在 3.66 及以上，且创业者的工作满意度的得分均值随着学历水平的上升而上升；从地区上来看，城镇创业者与农村创业者的工作满意度的得分均值都在 3.65 之上，农村创业者的工作满意度的得分均值要高于城镇创业者的工作满意度；从年龄上来看，不同年龄阶段的创业者的得分均值都在 3.65 之上，随着创业者年龄的增加，创业者的工作满意度也逐渐下降。

　　第二，对于创业者的工作—生活平衡度的分析发现，创业者比非创业者的工作—生活平衡度的得分均值高，而且差距显著；从性别上来看，男女性创业者的工作—生活平衡度的得分均值都在 3.70 之上，男性创业者的工作—生活平衡度的得分均值要略高于女性创业者。

　　第三，对于创业者的主观幸福感的分析发现，创业者的主观幸福感的得分均值要明显高于非创业者的主观幸福感，并且差距十分显著；从创业动机上来看，机会型创业者与生存型创业者的主观幸福感的得分均值都在 3.40 之上，且前者的主观幸福感的得分均值要高于后者；从性别上来看，男性、女性创业者的主观幸福感的得分均值均在 3.50 及以上，且前者的主观幸福感的得分均值要略低于后者；从年龄上来看，18—34 岁、35—64 岁的创业者的主观幸福感的得分均值都在 3.50 及以上，但是差距微小；从学历上来看，创业者的主观幸福感的得分均值随着创业者学历的上升而上升；从地区上来看，各个地区的创业者的主观幸福感的得分均值均在 3.40 之上，绍兴创业者的主观幸福感的得分均值最低（3.44），丽水创业者的主观幸福感的得分均值最高（为 3.62）。

第四，对幸福的宏观环境的分析得出，各个地区的得分均值都在 3.50 之上，嘉兴的幸福的宏观环境的得分均值最低（3.55），湖州的幸福的宏观环境的得分均值最高（3.88）。

参考文献

［1］ 2016 年十大浙商新闻［EB/OL］.（2016-12-31）.

［2］ 丁酉年浙商十大风云事件［EB/OL］.（2018-02-11）. http：//biz. zjol. com. cn/tslm/newszt/201802/t20180211_6574464. shtml.

［3］ 班杜拉，2003. 自我效能:控制的实施［M］. 上海:华东师范大学出版社.

［4］ 蔡宁，贺锦江，王节祥，2017. "互联网＋"背景下的制度压力与企业创业战略选择——基于滴滴出行平台的案例研究［J］. 中国工业经济（3）:174-192.

［5］ 陈国权，陈洁琼，2018. 新时代浙商精神的历史方位［J］. 浙江社会科学（4）:71-73.

［6］ 陈建安，曹冬梅，陶雅，2015. 创业认同研究前沿探析与未来展望［J］. 外国经济与管理（12）:30-43.

［7］ 陈立旭，2017. 与时俱进地秉持浙江精神［J］. 浙江社会科学（5）:4-12.

［8］ 陈凌，王健茜，谢倧晶，2017. 新经济时代家族企业转型与发展——第十二届创业与家族企业国际研讨会侧记［J］. 管理世界（9）:166-169.

［9］ 陈率，2014. 吴晓波:新生代浙商需要"明目扩胸"［J］. 浙商（9）:110.

［10］ 陈寿灿，2018. 传统中国文化视域下的浙商传统及其世界意义［J］. 浙江社会科学（4）:74-75.

［11］ 陈夙，项丽瑶，俞荣建，2015. 众创空间创业生态系统:特

征、结构、机制与策略——以杭州梦想小镇为例 [J]. 商业经济与管理（11）:35-43.

[12] 陈文婷,2013. 创业学习与家族企业跨代创业成长——基于行业、规模及成长阶段的差异分析 [J]. 经济管理,35（12）:42-53.

[13] 陈熹,范雅楠,云乐鑫,2015. 创业网络、环境不确定性与创业企业成长关系研究 [J]. 科学学与科学技术管理（9）:105-116.

[14] 陈晓,刘宇,陈抗,2016.eWTP:全球电商新规则能否建立 [J]. 浙商（19）:63-65.

[15] 池仁勇,何明明,2017. 区域品牌对企业绩效的影响机理——以"浙江制造"为例 [J]. 技术经济,36（8）:40-47.

[16] 崔连广,张敬伟,邢金刚,2017. 不确定环境下的管理决策研究——效果推理视角 [J]. 南开管理评论,20（5）:105-115.

[17] 崔连广,张玉利,何一清,2017. 效果推理理论视角下企业创新与绩效提升机制研究 [J]. 科学学与科学技术管理,38（9）:68-79.

[18] 崔祥民,2014. 基于效果推理理论的大学创业教育研究 [J]. 镇江高专学报,27（2）:12-15.

[19] 段锦云,田晓明,薛宪方,2010. 效果推理:不确定性情境下的创业决策 [J]. 管理评论,22（2）:53-58.

[20] 范柏乃,2018. 新时代浙商精神的内涵、功能与演进 [J]. 统一战线学研究,2（1）:78-87.

[21] 方世建,蒋文君,2011. 国外经典创业网络模型回顾与未来研究展望 [J]. 外国经济与管理,33（7）:1-9.

[22] 冯缙,秦启文,2009. 工作满意度研究述评 [J]. 心理科学（4）:900-902.

[23] 龚志周，2008.创业自我效能感的内涵及研究进展 [J].生产力研究（4）:149-150.

[24] 顾桥，喻良涛，梁东，2004.论创业者能力与企业成长的关系 [J].科技进步与对策，21（12）:111-112.

[25] 顾琴轩，王莉红，2009.人力资本与社会资本对创新行为的影响——基于科研人员个体的实证研究 [J].科学学研究，27（10）:1564-1570.

[26] 关轶偲，何东辰，2018.基于浙江凤凰计划背景下浙江产业升级新思考 [J].当代经济（2）:86-87.

[27] 韩金起，2016.从创新看浙江特色小镇建设 [J].知行铜仁（2）:66-70.

[28] 韩力争，2006.创业自我效能感的理论界定 [J].南京财经大学学报（6）:83-86.

[29] 何显明，张鸣，2018.重塑政府改革的逻辑:以"最多跑一次"改革为中心的讨论 [J].治理研究，34（1）:92-99.

[30] 胡丰盛，浙商总会澳门浙商联合会举行揭牌仪式 推动两地交流. [EB/OL]. （2016-06-06）.http://www.chinanews.com/ga/2016/06-06.

[31] 胡枫，2017.为什么创业者的工作满意度更高——收入还是自主性？ [J].世界经济文汇（2）:16-28.

[32] 胡金焱，张博，2014.社会网络、民间融资与家庭创业——基于中国城乡差异的实证分析 [J].金融研究（10）:148-163.

[33] 黄先海，邵滨鸿，2015.主题研究:世界经济变革与中国开放型经济发展 [J].浙江大学学报（人文社会科学版），45（2）:5.

[34] 居然，2017.新媒体与组织传播:基于浙商企业的实证性研究 [M].杭州:浙江工商大学出版社.

[35] 李成彦，2011.创业自我效能的中介作用机制探究 [J].心

理科学（4）：911-914.

［36］ 李钉，苗元江，赵姗，2011.创业自我效能感：历史、测量
与培养［J］.人力资源管理（3）：174-177.

［37］ 李文冰，2018.当代浙商媒介形象呈现研究［M］.北京：科
学出版社.

［38］ 李文博，2017.浙商对非洲创业行为研究［M］.北京：经济
科学出版社.

［39］ 刘丹，2015.我国工作生活平衡研究与实践现状总结［J］.
经营管理者（1Z）：162.

［40］ 刘岩，蔡虹，张洁，2014.企业技术合作、知识基础与技术
创新绩效关系研究——基于中国电子信息行业的实证分析
［J］.科技进步与对策，32（21）：59-64.

［41］ 马昆姝，胡培，覃蓉芳，2008.创业自我效能研究述评
［J］.外国经济与管理，30（12）：59-64.

［42］ 马良，蔡晓陈，2018.创业与主观幸福感——基于中国综合
社会调查（CGSS）数据［J］.浙江社会科学（6）：41-51.

［43］ 孟晋霞，2009.浙江省中小企业创业特征的实证分析［D］.
杭州：浙江工业大学.

［44］ 缪仁炳，2006.浙商创业特点、文化渊源与超越演进［J］.
商业经济与管理（10）：13-16.

［45］ 欧阳艳玲，2014.工作生活平衡研究述评［J］.赣南师范学
院学报，35（1）：118-121.

［46］ 潘文安，2015.进入模式、区域产业环境以及经营特性对中
小企业跨区域经营绩效影响——基于浙商的实证研究［J］.
商业经济与管理（5）：50-58.

［47］ 盛世豪，张伟明，2016.特色小镇：一种产业空间组织形式
［J］.浙江社会科学（3）：36-38.

［48］ 施放，郑思晗，2015.浙江民营企业社会责任对企业绩效的影响
［J］.浙江大学学报（人文社会科学版），45（4）：108.

［49］ 斯晓夫，王颂，傅颖，2016.创业机会从何而来：发现，构建还是发现＋构建？ ——创业机会的理论前沿研究［J］.管理世界，270（3）:115-127.

［50］ 汤明，2009.创业自我效能感的维度划分及其与创业之关系探究［J］.邵阳学院学报（社会科学版），8（2）:66-68.

［51］ 王春福，2018.工具性和价值性 浙商政治行为与公共政策合理性［M］.杭州：浙江工商大学出版社.

［52］ 王节祥，田丰，盛亚，2016.众创空间平台定位及其发展策略演进逻辑研究——以阿里百川为例［J］.科技进步与对策，33（11）:1-6.

［53］ 王永昌，2018.新时代高质量发展呼唤高素质的浙商［J］.浙江社会科学（4）:62-68.

［54］ 魏江，王诗翔，2017.从"反应"到"前摄"：万向在美国的合法性战略演化（1994～2015）［J］.管理世界（8）:136-153，188.

［55］ 吴隽，刘衡，刘鹏，等，2016.机会进化、效果推理与移动互联微创新——对手机 APP 新创企业的多案例研究［J］.管理学报，13（2）:173-183.

［56］ 吴隽，张建琦，2016.创业视角下的效果推理理论研究述评与展望［J］.技术与创新管理，37（3）:295-301.

［57］ 吴隽，张建琦，刘衡，2016.效率型商业模式创新与企业绩效关系研究——因果推理与效果推理的调节作用［J］.技术经济与管理研究（3）:8-13.

［58］ 夏燕.2016 年十大浙商事件［N］.市场导报，2017-01-12.

［59］ 项国鹏，罗兴武，2015.价值创造视角下浙商龙头企业商业模式演化机制——基于浙江物产的案例研究［J］.商业经济与管理（1）:44-54.

［60］ 项国鹏，吴波，2015.全面深化改革和浙商创业创新［J］.管理世界（4）:166-169.

[61] 项国鹏，张志超，罗兴武，2017.利益相关者视角下开拓型制度创业机制研究——以阿里巴巴为例［J］.科技进步与对策，34（2）:9-17.

[62] 谢雅萍，黄美娇，2014.社会网络、创业学习与创业能力——基于小微企业创业者的实证研究［J］.科学学研究，32（3）:400-409.

[63] 徐建中，贾大风，李奉书，等，2018.装备制造企业低碳技术创新对企业绩效的影响研究［J］.管理评论，30（3）:82-94.

[64] 徐科朋，周爱保，夏瑞雪，2014.社会身份重要性和社会认同对群体参照效应的影响［J］.心理科学（6）:1438-1443.

[65] 徐乐静.盘点浙商总会 2016 年度十大事件［N］.浙江经济，2017-01-25.

[66] 徐蕾，2015.基于设计驱动型创新的浙商商业模式演化研究——以万事利为例［J］.商业经济与管理（1）:55-63.

[67] 徐俏俏，2017.浙商文化论坛:中外浙商体悟"新时代浙商精神"［J］.浙商（24）:84-85.

[68] 杨卫忠，孔冬，2017.第二代浙商价值观与企业社会责任行为的关系研究［J］.社会科学战线（11）:255-259.

[69] 杨艳，胡蓓，2011.社会网络:创业自我效能感与创业意图的关系研究［J］.软科学，25（6）:59-63.

[70] 杨轶清，2015.低"人口素质"与高经济增长——基于浙商群体的解释［J］.人口研究，39（3）:107-112.

[71] 杨哲，2012.职业女性工作—生活平衡研究［D］.北京:首都经济贸易大学.

[72] 姚丽霞，2013.浙商政治心理研究［D］.杭州:浙江大学.

[73] 姚丽霞，2015.外部激励因素对浙商政治参与动机的影响及其途径分析——基于五个地区浙商的实证分析［J］.浙江工商大学学报（4）:75-83.

［74］ 姚梅芳，马鸿佳，2007.生存型创业与机会型创业比较研究
［J］.中国青年科技（1）:37-43.

［75］ 易朝辉，周思思，任胜钢，2018.资源整合能力与科技型小
微企业创业绩效研究［J］.科学学研究，36（1）:
123-130.

［76］ 于晓宇，孟晓彤，蔡莉，等，2018.创业与幸福感：研究综
述与未来展望［J］.外国经济与管理，40（8）:30-44.

［77］ 余向前，2010.经济转型期浙江家族企业代际传承与持续成
长［J］.财经论丛（5）:93-97.

［78］ 郁建兴，高翔，2018.浙江省"最多跑一次"改革的基本经
验与未来［J］.浙江社会科学（4）:76-85，158.

［79］ 袁华明.120家浙企入围中国民企500强上榜企业数连续19
年位列第一［EB/OL］.（2017-08-25）. http://zjnews. zjol.
com/cn/zjnews/zjxw/201708/t20170825_4869781. shtml.

［80］ 袁华明.入围中国民企500强的浙企又少了 好事还是坏事?
［EB/OL］.（2018-08-29）. http://zjnews. zjol. com. cn/
zjnews/zjxw/201808/t20180829_8139530. shtml.

［81］ 袁凌，谢赤，谢发胜，2006.高校教师工作满意度的调查与
分析［J］.湖南师范大学教育科学学报，5（3）:103-106.

［82］ 张汉东，2016."互联网＋"成就浙江经济转型之路［J］.
浙江经济（21）:13.

［83］ 张璐晶，2017.浙江省副省长梁黎明：浙商是浙江参与"一
带一路"的最大亮点［J］.中国经济周刊（20）:108-109.

［84］ 张名豪，2017."一带一路"的浙江实践［J］.浙商（24）:
60-61.

［85］ 张仁寿，杨轶清，2006.浙商:成长背景、群体特征及其未来
走向［J］.商业经济与管理（6）:3-7.

［86］ 张玉利，田新，王瑞，2011.创业决策:Effectuation理论及
其发展［J］.研究与发展管理（4）:48-56.

［87］ 赵文红，孙万清，王垚，2013.创业者社会网络、市场信息
对新企业绩效的影响研究［J］.科学学研究，31（8）：
1216-1223.

［88］ 郑刚，梅景瑶，何晓斌，2017.创业教育对大学生创业实践
究竟有多大影响——基于浙江大学国家大学科技园创业企业
的实证调查［J］.中国高教研究（10）:72-77.

［89］ 郑馨，2015.全民创业背后的冷静思考［J］.清华管理评论
（11）:62-69.

［90］ 郑秀芝，龙丹，2012.创业团队形成与演进过程的理论分析
［J］.北京社会科学（3）:26-32.

［91］ 钟卫东，孙大海，施立华，2007.创业自我效能感、外部环
境支持与初创科技企业绩效的关系——基于孵化器在孵企业
的实证研究［J］.南开管理评论，10（5）:68-74.

［92］ 周键，王庆金，吴迪，2017.创业激情与政治行为对创业认
同的作用机理——基于资源依赖理论的研究［J］.外国经济
与管理，39（6）:68-82.

［93］ 周雄国，2017.创业网络对创业的影响:创业资源获取的视角
［J］.科技创业月刊，30（20）:7-9.

［94］ 朱秀梅，李明芳，2011.创业网络特征对资源获取的动态影
响——基于中国转型经济的证据［J］.管理世界（6）：
105-115.

［95］ AGOGU M, LUNDQVIST M, MIDDLETON K W, 2015.
Mindful deviation through combining causation and effectuation: a
design theory-based study of technology entrepreneurship［J］.
Creativity & innovation management, 24（4）: 629-644.

［96］ ALSOS G A, CLAUSEN T H, HYTTI U, et al., 2016.
Entrepreneurs' social identity and the preference of causal and
effectual behaviors in start-up processes［J］. Entrepreneurship
& regional development（28）234-258.

[97] AMIT R， ZOTT C, 2001. Value creation in e-business [J] . Strategic management journal， 22（6/7）: 493-520.

[98] ANDERSON BS， ESHIMA Y， 2013. The influence of firm age and intangible resources on the relationship between entrepreneurial orientation and firm growth among Japanese SMEs [J] . Journal of business venturing， 28（3）: 413-429.

[99] BABALOLA S S, 2010. The role of socio-psychological capital assets on identification with self-employment and perceived entrepreneurial success among spilled professionals [J] . Journal of small business & entrepreneurship， 23（2）:159-172.

[100] BANDURA A, 1986. Social foundations of thought and action: a social-cognitive view [M] . Englewood Cliffs, NJ: Prentice-Hall.

[101] BARNEY J, 1991. Firm resources and sustained competitive advantage [J] . Journal of management， 17（1）: 99-120.

[102] BENZM， FREY B S, 2008. The value of doing what you like: evidence from the self-employed in 23 countries [J] . Journal of economic behavior & organization， 68（3）:445-455.

[103] BHIDE A, 2000. The origin and evolution of new businesses [M] . New York :Oxford University Press.

[104] BHOWMICK S, 2015. They look while they leap: generative co-occurrence of enactment and effectuation in entrepreneurial action [J] . Journal of management & organization， 21（4）: 515-534.

[105] BINDER M ， COAD A, 2013. Life satisfaction and self-employment: a matching approach [J] . Small business economics， 40（4）:1009-1033.

［106］ BLANCHFLOWER D G, OSWALD A J, 1998. What makes an entrepreneur? ［J］ Journal of labor economics, 16（1）: 26-60.

［107］ BONTE W, FALCK O, HEBLICH S, 2009. The impact of regional age structure on entrepreneurship ［J］. Economic geography, 85（3）:269-287.

［108］ BOYD N G, VOZIKIS G S, 1994. The influence of self-efficacy on the development of entrepreneurial intentions and actions ［J］. Entrepreneurship theory and practice, 18（4）: 63-77.

［109］ BRATKOVIC T, ANTONCIC B, RUZZIER M, 2009. Strategic utilization of entrepreneur's resource-based social capital and small firm growth ［J］. Journal of management & organization, 15（4）: 486-499.

［110］ BRETTEL M, MAUER R, ENGELEN A, et al., 2012. Corporate effectuation: entrepreneurial action and its impact on R&D project performance ［J］. Journal of business venturing, 27（2）:167-184.

［111］ CAREE M A V, 2012. What makes entrepreneurs happy? determinants of satisfaction among founders ［J］. Journal of happiness studies, 13（2）:371-387.

［112］ CHANDLER G N, DETIENNE D R, MCKELVIE A, et al., 2011. Causation and effectuation processes: a validation study ［J］. Journal of business venturing, 26（3）:375-390.

［113］ CHEN C C, GREENE P G, CRICK A, 1998. Does entrepreneurial self-efficacy distinguish entrepreneurs from manager? ［J］. Journal of business venturing, 13（4）:295-316.

[114] CHEN X P, YAO X, KOTHA S, 2009. Entrepreneur passion and preparedness in business plan presentations: a persuasion analysis of venture capitalists' funding decisions [J]. Academy of management journal, 52 (1): 199-214.

[115] CHESBROUGH H, 2010. Business model innovation: opportunities and barriers [J]. Long range planning, 43 (2): 354-363.

[116] CHRISTIAN H, UTE S, 2012. The influence of socio-cultural environments on the performance of nascent entrepreneurs: community culture, motivation, self-efficacy and start-up success [J]. Entrepreneurship & regional development. 24 (9-10):917-945.

[117] CLARK A E, 1998, Job satisfaction and gender: why are women so happy at work? [J]. Journal of labor economics, 4 (4):341-372.

[118] COAD A, 2012. Firm growth and barriers to growth among small firms in India [J]. Small business economics, 39 (2): 383-400.

[119] COOPER A C, ARTZ K W, 1995. Determinants of satisfaction for entrepreneurs [J]. Journal of business venturing, 10 (6):439-457.

[120] COPE J, 2003. Entrepreneurial learning and critical reflection: discontinuous events as triggers for 'higher-level' learning [J]. Management learning, 34 (4): 429-450.

[121] CROMIE S, 1987. Motivations of aspiring male and female entrepreneurs [J]. Journal of occupational behavior, 8 (3), 251-251.

[122] DAVIDSSON P, HONIG B, 2003. The role of social and

human capital among nascent entrepreneurs [J] . Journal of business venturing, 18 (3):301-331.

[123] DESS G G, LUMPKIN G T, 2015. The role of entrepreneurial orientation in stimulating effective corporate entrepreneurship [J] . Academy of management perspectives, 19 (1): 147-156.

[124] DEW N, READ S, SARASVATHY S D, et al., 2008. Outlines of a behavioral theory of the entrepreneurial firm [J] . Journal of economic behavior & organization, 66 (1) : 37-59.

[125] DIENER E D, KESEBIR P, LUCAS E, et al., 2008. Benefits of accounts of well-being-for societies and for psychological science [J] . Applied psychology, 57: 37-53.

[126] DIJKHUIZEN J, VELDHOVEN V M, SCHALK R, 2016. Four types of well-being among entrepreneurs and their relationships with business performance [J] . The journal of entrepreneurship, 25 (2):184-210.

[127] DRNOVSEK M , ORTQVIST D, WINCENT J, 2010. The effectiveness of coping strategies used by entrepreneurs and their impact on personal well-being and venture performance [J] . Journal of economics and business, 28 (2):193-220.

[128] EDDLESTON K A, LADGE J J, MITTENESS C, et al., 2016. Do you see what I see? signaling effects of gender and firm characteristics on financing entrepreneurial ventures [J] . Entrepreneurship theory and practice, 40 (3) : 489-514.

[129] ENGEL Y, KAANDORP M, ELFRING T, 2017. Toward a dynamic process model of entrepreneurial networking under uncertainty [J] . Journal of business venturing, 32 (1):

35-51.

[130] EONG S H, HARRISON D A, 2017. Glass breaking, strategy making, and value creating: meta-analytic outcomes of women as CEOs and TMT members [J]. Academy of management journal, 60 (4): 1219-1252.

[131] FALCK O, HEBLICH S , LUEDEMANN E, 2012. Identity and entrepreneurship: do school pers shape entrepreneurial intentions? [J] Small business economics, 39 (1) :39-59.

[132] FAUCHART E, GRUBER M, 2011. Darwinians, communitarians, and misionaries: the role of founder identity in entrepreneurship [J]. Academy of management journal, 54 (5) :935-957.

[133] FLORIN J, LUBATKIN M, SCHULZE W, 2003. A social capital model of high-growth ventures [J]. Academy of management journal, 46 (3) : 374-384.

[134] FRANKENBERGER K, WEIBLEN T, CSIK M, et al. , 2013. The 4I-framework of business model innovation: a structured view on process phases and challenges [J]. International journal of product development, 18 (3/4): 249-273.

[135] GAZIOGLU S , TANSEL A, 2006. Job satisfaction in Britain: individual and job related factors [J]. Applied economics, 38 (10) : 1163-1171.

[136] GEORGE G, BOCK A J, 2011. The business model in practice and its implications for entrepreneurship research [J]. Entrepreneurship theory & practice, 35 (1) :83-111.

[137] HAHN V C, FRESE M, BINNEWIES C, et al. , 2012. Happy and proactive? the role of hedonic and endaimonic well-being in business owners' personal initiative [J].

Entrepreneurship theory and practice, 36 (1) :97-114.

[138] HITE J M, HESTERLY W S, 2001. The evolution of firm networks: from emergence to early growth of the firm [J]. Strategic management journal, 22 (3) : 275-286.

[139] HMIELESKI K M, CORBETT A C, 2008. The contrasting interaction effects of improvisational behavior with entrepreneurial self-efficacy on new venture performance and entrepreneur work satisfaction [J]. Journal of business venturing, 23 (4) :482-496.

[140] HMIELESKI K M, CARR J C, BARON R A, 2015. Integrating discovery and creation perspectives of entrepreneurial action: the relative roles of founding ceo human capital, social capital, and psychological capital in contexts of risk versus uncertainty [J]. Strategic entrepreneurship journal, 9 (4) :289-312.

[141] HUNDLEY G, 2001, Why and when are the self-employed more satisfied with their work? [J]. Industrial relations, 40 (2) :293-316.

[142] IGOR L, TAMARA G, 2016. The interplay of effectuation and causation in decision making: Russian SMEs under institutional uncertainty [J]. International entrepreneurship and management journal, 13 (3) :1-37.

[143] JEONG S H, HARRISON D A, 2017. Glass breaking, strategy making, and value creating: meta-analytic outcomes of women as CEOs and TMT members [J]. Academy of management journal, 60 (4) : 1219-1252.

[144] JONES R, LATHAM J, BETTA M, 2008. Narrative construction of the social entrepreneurial identity [J]. International journal of entrepreneurial behavior &

research, 14（5）:330-345.

[145] JUDGE T A, HELLER D , MOUNT M K, 2002. Five-factor model of personality and job satisfaction: a meta-analysis [J]. Journal of applied psychology, 87（3） :530-541.

[146] KEYES C L M , 1998. Social well-being [J]. Social psychology quarterly, 61（2）:121-140.

[147] KOCK S, GALKINA T, 2008. Entrepreneurial network creation: using formal and informal relations of entrepreneurial team members in Russia and Finland [J]. Journal of small business management, 54（1） : 187-209.

[148] KRAAIJENBRINK J, RATINHO T, 2010. Effectuation, Causation, and firm growth: a study of written business plans of micro and small firms 2010 [R]. Working Paper.

[149] KRAAIJENBRINK J, RATINHO T, 2011. The independence of causation and effectuation principles [J]. A study of business plans.

[150] KRAAIJENBRINK J, RATINHO T, 2012. Planning the unknown: the simultaneity of predictive and non-predictive entrepreneurial strategies [J]. Frontiers of entrepreneurship research, 32（12） : 9.

[151] LANGE T, 2002. Job satisfaction and self-employment: autonomy or personality? [J]. Small business economics, 38（2） : 165-177.

[152] LANS T, BLOK V, GULIKERS J, 2015. Show me your network and I'll tell you who you are: social competence and social capital of early-stage entrepreneurs [J]. Entrepreneurship & regional development, 27（7-8） : 458-473.

［153］LARSON A, STARR J A, 1993. A network model of organization formation ［J］. Entrepreneurship theory & practice, 17（1）: 1071-1078.

［154］LARSON A, 1992. Network dyads in entrepreneurial settings: a study of the governance of exchange relationships ［J］. Administrative science quarterly, 37（1）:76-104.

［155］LEIF B, ELISABETH S C B, STEPHAN G, et al., 2018. I am what I am — How nascent entrepreneurs' social identity affects their entrepreneurial self-efficacy ［J］. Journal of business venturing Insights, 9: 17-23.

［156］LIAO J, WELSCH H, 2005. Roles of social capital in venture creation: key dimensions and research implications ［J］. Journal of small business management, 43（4）: 345-362.

［157］LOHER B T, NOE R A, MOELLER N L, et al., 1985. A meta-analysis of the relation of job characteristics to job satisfaction ［J］. Journal of applied psychology, 70 （2）: 280-289.

［158］LOUNSBURY M, GLYNN M A, 2001. Cultural entrepreneurship: stories, legitimacy and the acquisition of resources ［J］. Strategic management journal, 22（6/7）:545-564.

［159］MARCH J G, SIMON H A, 1958. Organizations ［M］. New York: John Wiley.

［160］MILLAN J, MARIA J, HESSELS R. et al., 2013. Determinants of job satisfaction: a European comparison of self-employed and paid employees ［J］. Small business economics, 40（3）: 651-670.

［161］MITTON D G, 1989. The compleat entrepreneur ［J］.

Entrepreneurship theory & practice, 13 (3) : 9-19.

[162] PATZELT H, SHEPHERD D A, 2011. Negative emotions of an entrepreneurial career: self-employment and regulatory coping behaviors [J]. Journal of business venturing, 26 (2) : 226-238.

[163] PERRY J T, CHANDLER G N, MARKOVA G, 2012. Entrepreneurial effectuation: a review and suggestions for future re-search [J]. Entrepreneurship theory and practice, 36 (4) :837-861.

[164] PHILIPP S, MARC G, EMMANUELLE F, et al., 2016. Measuring the social identity of entrepreneurs: scale development and international validation [J]. Journal of business venturing, 31 (5) :542-572.

[165] PIERRE-ANDRÉ J, ERIC A, CHARLES R, 2004. Networks, weak signals and technological innovations among SMEs in the land-based transportation equipment sector [J]. Entrepreneurship & regional development, 16 (4) : 251-269.

[166] QUADER M S, 2012. A characteristic model of successful women entrepreneurs in the UK [J]. Journal of services research, 12 (1) : 89-113.

[167] RAHMAN S A, AMRAN A, AHMAD N H, et al., 2016. Enhancing the well-being of base of the pyramid entrepreneurs through business success : the role of private organizations [J]. Social indicators research, 127 (1) :195-216.

[168] READ S, DEW N, SARASVATHY S D, et al., 2009. Marketing under uncertainty: the logic of an effectual approach [J]. Journal of marketing, 73 (3) :1-18.

［169］ READ S, SARASVATHY S, DEW N, et al. , 2011. Effectual entrepreneurship ［M］. New York: Routledge.

［170］ ROGOFF E G, HECK R K Z, 2003. Evolving research in entrepreneurship and family business: recognizing family as the oxygen that feeds the fire of entrepreneurship ［J］. Journal of business venturing, 18（5）:559-566.

［171］ RYAN R M, DECI E L, 2001. On happiness and human potentials: a review of research on hedonic and eudaimonic well-being ［J］. Annual Review of Psychology, 52（1）, 141-166.

［172］ RYAN R M, DECI E L, 2001. Self-determination theory and the facilitation of intrinsic motivation, social development, and well-being ［J］. American Psychologist, 55（1）, 68-78.

［173］ SARASVATHY S D, 2001. Causation and effectuation: toward a theoretical shift from economic inevitability to entrepreneurial contingency ［J］. Academy of management review, 26（2）: 243-263.

［174］ SARASVATHY S D, 2008. Effectuation: elements of entrepreneuial orientation ［M］. Cheltenham: Edward Elgar Publishing.

［175］ SAROJ P, YASMIN S P, VERONICA M G, 1996. Work and family variables, entrepreneurial career success, and psychological well-being ［J］. Journal of vocational behavior, 48（3）:275-300.

［176］ SCHJOEDT L, 2009. Entrepreneurial job characteristics: an examination of their effect on entrepreneurial satisfaction ［J］. Entrepreneurship theory and practice, 33（3）:619-644.

［177］ SEVE I J, VINBERG S, NORDENMARK M , et al. ,

2016. Subjective well-being among the self-employed in Europe： macroeconomy, gender and immigrant status [J]. Small business economics, 46（2）：239-253.

[178] SEXTON D L, BOWMAN-UPTON N, 1990. Female and male entrepreneurs： psychological characteristics and their role in gender-related discrimination [J]. Journal of business venturing, 5（1）:29-36.

[179] SHEPHERD D A, CARDON M S, 2009. Negative emotional reactions to project failure and the self-compasion to learn from the experience [J]. Journal of management studies, 46（6）:923-949.

[180] SHIR N, 2015. Entrepreneurial well-being： the payoff structure of business creation [D]. Sweden： Stockholm School of Economics.

[181] SMITH I H , WOODWORTH W P, 2012. Developing social entreptreneurs and social innovators： a social identity and self-efficacy approach [J]. Academy of management learning & education , 11（3）:390-407.

[182] SMOLKA K M, VERHEUL I, BURMEISTER — LAMP K, et al., 2016. Get it together! synergistic effects of causal and effectual decision-making logics on venture performance [J]. Entrepreneurship theory & practice, 1-34.

[183] TEECE D J, 2007. Explicating dynamic capabilities： the nature and microfoundations of（sustainable）enterprise performance [J]. Strategic management journal, 28（13）：1319-1350.

[184] UNGER J M, RAUCH A, FRESE M, et al., 2011. Human capital and entrepreneurial success： a meta-analytical review [J]. Journal of business venturing, 26

（3）：341-358.

[185] UY M A, FOO M D, SONG Z L, 2013. Joint effects of prior start-up experience and coping strategies on entrepreneurs' psychological well-being [J]. Journal of business venturing, 28（5）：583-597.

[186] UY M A, SUN S, FOO M D, 2017. Affect spin, entrepreneurs' well-being, and venture goal progress：the moderating role of goal orientation [J]. Journal of business venturing, 32（4）：443-460.

[187] WATSON J, 2007. Modeling the relationship between networking and firm performance [J]. Journal of business venturing, 22（6）：852-874.

[188] WERNERFELT B, 1984. A resource-based view of the firm [J]. Strategic management journal, 5（2）：171-180.

[189] WILSON F, KICKUL J, MARLINO D, 2007. Gender, entrepreneurial self-efficacy, and entrepreneurial career intentions：implications for entrepreneurship education [J]. Entrepreneurship：theory & practice, 31（3）：387-406.

[190] WILTBANK R, DEW N, READ S, et al., 2006. What to do next? the case for non-predictive strategy [J]. Strategic management journal, 27（10）：981-998.

[191] ZHANG C Q, CHEN C, LI J Z, et al, Entrepreneurs' failure times and their well-being, moderated by entrepreneurial environment [A]. Proceedings of 2016 Portland international conference on management of engineering and technology（PICMET）. Honolulu, HI, USA：IEEE, 2016：1358-1364.

[192] ZHAO L, ARAM J D, 1995. Networking and growth of

young technology-intensive ventures in China [J].
Journal of business venturing, 10（5）: 349-370.

[193] ZIMMERMAN M A, ZEITZ G J, 2002. Beyond survival:
achieving new venture growth by building legitimacy [J].
Academy of management review, 27（3）: 414-431.

后　记

2016 年，当时的浙江省哲学社会科学重点研究基地"浙商研究中心"首次实施了"浙江创业观察"项目，并出版了《浙江创业观察报告（2016）》，受到了有关各界的好评与关注。为了持续推进该项目，达到 ZEM 项目的预期研究目标，浙江省新型重点专业智库——浙江工商大学浙商研究院决定继续实施该项目。

本书具体写作分工如下：陈寿灿负责框架设计及全书统稿工作；项国鹏负责第 1 章的撰写工作；吴波负责第 2 章的撰写工作；傅颖负责第 3—4 章的撰写工作；孙元负责第 5—6 章的撰写工作；黎常负责第 7—8 章的撰写工作。项目成员所指导的工商管理学院的研究生们参与了项目研究及初稿写作工作，具体情况是：2016 级博士生娄淑珍、2018 级硕士生李贞杰与万时宜参与了第 1 章的撰写工作；2016 级硕士生杨少东、2017 级硕士生郭昊男参与了第 2—4 章的撰写工作；2017 级硕士生王鑫权、祝梦忆参与了第 5—6 章的撰写工作；2018 级硕士生舒文文参与了第 7—8 章的撰写工作。

浙江工商大学人文社科处对本项目的实施给予了指导与帮助，浙江工商大学出版社为本书的出版提供了全力支持，在此一并致谢。

浙江创业观察项目组
2018 年 11 月 18 日

后 记

　　2016 年，当时的浙江省哲学社会科学重点研究基地"浙商研究中心"首次实施了"浙江创业观察"项目，并出版了《浙江创业观察报告（2016）》，受到了有关各界的好评与关注。 为了持续推进该项目 ，达到 ZEM 项目的预期研究目标，浙江省新型重点专业智库——浙江工商大学浙商研究院决定继续实施该项目。

　　本书具体写作分工如下：陈寿灿负责框架设计及全书统稿工作；项国鹏负责第 1 章的撰写工作；吴波负责第 2 章的撰写工作；傅颖负责第 3—4 章的撰写工作；孙元负责第 5—6 章的撰写工作；黎常负责第 7—8 章的撰写工作。 项目成员所指导的工商管理学院的研究生们参与了项目研究及初稿写作工作，具体情况是：2016级博士生娄淑珍、2018 级硕士生李贞杰与万时宜参与了第 1 章的撰写工作；2016 级硕士生杨少东、2017 级硕士生郭昊男参与了第2—4 章的撰写工作；2017 级硕士生王鑫权、祝梦忆参与了第 5—6章的撰写工作；2018 级硕士生舒文文参与了第 7—8 章的撰写工作。

　　浙江工商大学人文社科处对本项目的实施给予了指导与帮助，浙江工商大学出版社为本书的出版提供了全力支持，在此一并致谢。

浙江创业观察项目组

2018 年 11 月 18 日